미래교육의
MASTER KEY

Ver.2 증강학교

거꾸로미디어 X 서프데미

Contents

저자소개   4

프롤로그   8

제1장 중강학교를 소개합니다.   11

1. 건강한 세계관을 가진 학교   12

2. 삶의 의미를 찾는 학교   18

3. 선한 영향력을 미치는 학교   21

제2장 진짜 나를 찾는 공부   25

1. 점수와 등급도 없고 경쟁도 없는 공부   26

2. 제일 먼저 나를 찾는 공부   31

3. 진짜 나를 찾기 위한 "자성지겸예협" 공부   39

제3장 증강학교에서는 어떻게 공부하는가?　　　45

1. 증강학교의 형태　　　46

2. 증강학교의 미션과 비전, 피라미드　　　48

3. 증강학교의 다양한 교과 과목들　　　54

4. 멜랑콜리커와 앙트레프레너　　　82

제4장 서퍼(surfer)를 양성하는 학교　　　87

1. 지정의 학습을 통한 온전한 서퍼(surfer)를 양성하는 학교　　　92

2. 토론과 토의를 통한 준비된 서퍼(surfer)를 양성하는 학교　　　100

3. 글쓰기를 통한 정확한 서퍼(surfer)를 양성하는 학교　　　107

4. 거대한 파도 속에서 유유히 서핑하며 생명을 살리는　　　115
　　시대적 서퍼(surfer)를 양성하는 학교

에필로그 후기(비하인드 스토리)　　　118

증강학교 성장을 위해 후원해주신 고마운 분들　　　124

AUGMENTED SCHOOL ENGLISH CLASS　　　125

저자 소개 ⋯⋯⋯⋯⋯⋯⋯⋯⋯⋯⋯⋯⋯⋯⋯⋯⋯

김수겸

증강학교에 다니는 만 16세 김수겸입니다. 저는 경기도 용인시에서 태어났습니다. 저는 어릴 적부터 철학적인 생각을 하고 있었고, 교육에 관한 생각 그리고 세상에 관한 생각을 많이 하고 있었습니다. 증강학교는 저와 비슷한 면이 많았습니다. 미래저널과 큰 그림 등 증강학교의 요소들이 그러했습니다. 먼저 미래저널은 철학적인 내용을 담은 저널인데 저도 예전부터 철학적인 질문을 하고 있었습니다. 그리고 저는 본래도 세상을 보며 생각하는 시간을 많이 가졌는데 증강학교에서도 그러했습니다. 저는 이러한 이유로 증강학교를 선택했고 책에도 나오듯이 많은 성장을 하게 되었습니다.

정지원

증강학교 학생이자 이 책의 저자 중 한 명이다. 2022년 기준으로 17세가 되었는데, 증강학교 안에서 현재 나의 미래와 나의 미션은 무엇인지, 내가 누구인지를 찾아가고 있다. 답이 없는 문제에 대해 생각하고 토론하는 것을 좋아한다. 증강학교를 통해서 내가 잘하는 일이 무엇인지를 찾고, 그것으로 어떻게 다른 사람들을 위할지 발견해서 내가 있는 자리에서 다른 사람들을 위해 헌신하는 지도자가 되기 위해 훈련하고 있다.

김호겸

2007년 용인에서 출생하였다. 홍천 초등학교, 홍천 중학교를 거쳐 2020년부터 eBPSS 증강학교에 다녔다. 활발하고 친화력 있는 성격이다. 친구들, 가족, 사람들과 함께하는 일들은 모두 좋아하는 학생이다.

김주혜

eBPSS 증강학교에 다니고 있는 2007년생 학생이다. '청소년들이 함께 연구한 서번트 리더십' 책의 공동 저자이다. eBPSS 마이크로칼리지에서 '서번트 리더십', '구글 클래스룸' 상을 받았다.

손지우

eBPSS 증강학교 시즌 1부터 다니며 eBPSS 철학으로 세상에 선한 영향력을 미치기 위해서 노력하고 있다. 2008년 경기도 광주에서 태어났으며 초등학교는 벌원초등학교를 졸업했다. 소극적인 성격이기에 밝은 에너지를 가지고 먼저 다가와 주는 증강학교 학생들을 무척 좋아한다.

양성규

증강학교에 다니고 있는 15세가 된 '양성규'입니다. '증강학교'라는 이름이 생소하실 수 있으실 텐데요. 제가 다니고 있는 증강학교를 잠깐 소개하자면 4차 산업혁명이라는 거대한 파도를 즐기며, 생명을 살리는 사람이 되기 위해 미래 교육을 실행하고 있는 학교입니다. 또, 증강학교는 매일 자신을 성찰하고 다른 사람을 알아가며 세상에 선한 영향력을 미치기 위해 '미래 저널'로 저널링을 하는데요.

저는 이 '미래 저널'을 '4차 산업혁명의 거대한 파도를 즐기는 서프보드'라고 생각하며 매일 저널링을 하고 있습니다. 증강학교는 곧 리뉴얼을 마치고 오픈할 '코데미'라는 교육 플랫폼에 소속된 학교입니다. 저는 증강학교에서 배운 미래 교육을 통해 거대한 파도를 즐기는 서퍼가 되고 싶습니다. 저는 축구, 농구, 골프, 승마와 같은 운동을 아주 좋아하고, 첼로를 연주하는 것을 즐기고, 머리를 쥐어짜게 만드는 어려운 책을 읽곤 합니다. 특히 저는 승마를 좋아하는데, 말과 교감하기 위해 말의 눈을 보면 아름다운 푸른 초원이 생각나면서 모든 것을 털어놓게 되기 때문입니다. 저의 버킷 리스트에는 제 마음을 잘 알아주는 멋진 말을 타고 바람을 가르며 푸른 초원을 달리는 것이 있기도 합니다.

저는 요즘 경제 공부를 하고 있는데요. 제가 경제 공부를 하는 이유는 나 혼자 잘 먹고 잘살기 위함이 아니라 청소년들에게 세상의 흐름을 읽고, 시대를 보는 눈을 뜨게 도울 방법으로 영상을 제작하고 있습니다. 이것을 코데미라는 온라인 교육 플랫폼에 '성규의 3분 경제'라는 제목으로 95개의 경제 용어를 청소년들이 쉽게 이해할 수 있도록 설명한 영상을 업로드하고 있습니다. 제가 만든 이 영상이 제가 지금 할 수 있는 세상에 선한 영향력을 미치는 첫발이 되기를 간절히 바라고 있습니다.

지금까지 증강학교를 사랑하고, 증강학교의 제 친구들을 사랑하고, 미래 교육의 선구자로서 세상에 선한 영향력을 미치고 싶다는 꿈을 가진 15세 소년 양성규였습니다. 감사합니다.

송하준

eBPSS 증강학교에 다니고 있는 학생이다. 2008년생의 학생이다. eBPSS 마이크로칼리지에서 '빅픽쳐' 상을 받았다. 친화력이 좋고 웬만한 실수나 장난은 모두 이해하고 넘어갈 수 있는 성격을 가졌다.

정하진

증강학교에 다니는 학생이다.

eBPSS 마이크로칼리지 처음부터 다녔으나 현재까지 특별한 성과를 내지 못하는 듯하지만, 매일 조금씩 발전하려 노력하고 있다.

사람들과 대화하며 이야기하는 것을 좋아하고, 논리적으로 말하는 법을 연습하는 중이다

정희원

증강학교에 다니는 중인 학생이다. 2011년생, 2022년으로 치면 12살이 된다. 마이크로칼리지에서 수업을 듣다가 증강학교로 왔다. 언제나 활발하고 많이 웃는다. 성격 자체가 즐겁다.

증강학교는 세상에 선한 영향력을 미치는 서퍼를 키우는 학교입니다. 세상에 선한 영향력을 미치는 서퍼가 되려면 먼저 세상을 볼 수 있는 눈을 가져야 합니다. 또, 원활한 소통을 위하여 다른 사람의 말을 경청하고 마음에 공감하는 자세가 필요합니다. 이러한 눈과 자세를 가진 서퍼는 새 시대를 알아보고 즐길 수 있게 됩니다.

어떤 두 사람이 거대한 파도를 마주했다고 가정해 보겠습니다. 이때, 한 사람은 생존 수영만 열심히 배웠고, 다른 한 사람은 서프보드와 거대한 파도타기 훈련을 받았다면 어떤 사람이 살아남을 수 있을까요? 여기서 거대한 파도는 급변하는 4차 산업혁명이라고 할 수 있습니다. 증강학교에서는 나뿐만 아니라 다른 사람의 생명까지 살리는 서퍼가 되는 훈련을 합니다.

지금부터 2년 반 정도 이 훈련을 경험한 증강학교 학생들의 이야기를 들려드릴까 합니다. 증강학교 학생들은 증강학교 학생이 되기 전부터 '미래 저널'과 '지정의 학습IEV Study'으로 기초훈련을 시작했습니다. 기초훈련에 관한 내용은 앞으로 자세히 다루겠지만 증강학교가 추구하는 '자성지겸예협자발성, 성실성, 지속성, 겸손, 예의, 협동'을 갖추기 위한 준비운동과 같은 것입니다. 이 기초훈련은 증강학교 학생이 되어서도 계속됩니다. 마치 국가대표 선수들이 매일 체력

단련을 위해 반복하는 기초훈련을 하듯이 말이죠. 기초훈련에 성실하게 임하는 학생들은 코세라와 유데미, K-MOOC 등의 플랫폼을 통해 자신이 관심을 두고 있는 분야의 수업을 수강하고 자신만의 방법과 언어로 다른 학생들에게 강의합니다. 혼자 공부하면 한 분야만 깊이 공부하는 것이지만, 자신이 공부한 내용을 강의로 나누면 강의를 들은 학생들은 새로운 분야에 눈을 뜨게 되거나 새 시대에 필요한 유용한 정보를 얻을 수 있습니다.

증강학교 학생으로서 또 하나의 자부심을 가질 수 있는 훈련은 대한민국 독립선언문을 영어로 외우며 그 정신을 마음에 새긴다는 것입니다. 이 훈련은 일거양득의 훈련입니다. 세계에 자기 나라의 독립선언문을 외우는 학생들이 얼마나 있을까요? 우리 증강학교 학생들은 앵무새처럼 독립선언문을 따라 외우는 것이 아니라 매일 자신의 입으로 낭독을 하며 나라의 소중함과 나라를 사랑하는 마음을 깊이 새기고 있습니다. 또, 영어로 외우면서 동시에 두 가지의 언어를 습득할 뿐 아니라 세계 어느 곳에 가든지 한국을 자신 있게 소개할 수 있습니다.

우리 증강학교의 근본정신은 고조선의 건국 이념인 '널리 인간세계를 이롭게 한다'입니다. 배워서 남 주는 공부를 하고, 널리 인간세계를 이롭게 하려면 우리는 무엇을 해야 하는지를 함께 고민하고 실천합니다.

독립선언문을 가슴에 새기며 올바른 국가관을 갖고, 홍익인간의 정신으로 올바른 세계관을 갖는 것입니다. 이것이 증강학교의 목적이자 힘입니다.

자신의 성공을 위해 더 좋은 학원이나 과외받는 것을 그만두고 4차 산업혁명이라는 새 시대에 필요한 인재가 되기 위해 남들이 가지 않는 길을 개척하고 있는 것입니다. 우리가 이 길을 가는 이유는 거대한 파도를 인식하지 못하거나 그 파도에 휩쓸릴지도 모를 사람들의 생명을 구하기 위해서입니다. 이 거대한 파도를 즐기기까지 서퍼들이 어떤 훈련을 하는지 지금부터 자세히 소개하겠습니다.

- 증강학교 학생 일동

1장.

증강학교를
소개합니다!

1. 건강한 세계관을 가진 학교
2. 삶의 의미를 찾는 학교
3. 선한 영향력을 미치는 학교

01
건강한 세계관을 가진 학교

　4차 산업혁명 시대가 점점 다가올 때 저희는 코로나19라는 촉매제를 만났습니다. 갑작스레 닥쳐온 코로나19로 4차 산업혁명이 엄청나게 가속화되었습니다. 밖에 나가는 시간보다 집에 있는 시간이 더 많아졌고, 오프라인으로 듣던 수업을 온라인으로 듣기 시작했으며, 일하는 방식이 크게 바뀌었습니다. 삶의 거의 모든 것이 크게 바뀌었다 할 수 있습니다. 이렇게 대면으로 상대방을 만나지 못할 때 해결책이 하나 존재했습니다. 바로 '온라인'에서의 모임입니다. 학생들은 코로나가 한창 심해졌을 때는 모든 수업을 온라인으로 듣기도 했고, 코로나19가 점점 장기화하고 있는 가운데 온라인으로만 대학교에 다니고 졸업하게 되는 학번도 있다고 합니다. 많은 수의 직장인이 재택근무를 하게 되었고 집에서 화상으로 회의를 하며 온라인으로 업무를 진행하게 되었습니다.

　집에만 있다 보니 학습 방식, 일하는 방식, 살아가는 방식이 바뀌었고, 또 휴식 시간이나, 남는 시간을 보내는 데 사용하는 방법들도 달라졌습니다. 예를 한 가지 들어보겠습니다. 다들 영화나

드라마 보시는 걸 좋아하시나요? 영화나 드라마 시청도 많은 분의 취미일 텐데요, 모두 '넷플릭스'라는 플랫폼을 적어도 한 번쯤은 들어보셨을 겁니다. 특히 코로나 이후로 넷플릭스의 인기는 더 높아졌습니다. 넷플릭스는 영화, 드라마, 다큐멘터리 등 동영상 콘텐츠를 월정액으로 구독하고 시청할 수 있는 유료 동영상 플랫폼입니다. 코로나로 인해 실내에서 지내는 시간이 많아지면서 휴식 시간에 미디어 콘텐츠를 시청하며 시간을 보내는 사람들이 더 많아졌다고 하는데, 넷플릭스가 이걸 보여주는 좋은 예입니다. "닐슨코리아가 발간한 '2020 하반기 미디어 리포트'에 따르면 넷플릭스의 지난해 11월 UV순 이용자 수는 같은 해 1월 대비 64.2% 증가했다"고 합니다.[1] 64.2%라니 정말 어마어마하죠?

이렇게 코로나는 우리 삶을 완전히 뒤바꿔놓으면서 오프라인으로 진행되던 많은 것들을 온라인으로 전환하게 하고 '4차 산업혁명'을 삶으로 끌고 들어왔습니다. 4차 산업혁명이 무엇인지는 다들 많이 들어서 알고 계실 겁니다. 20세기 중반, 인터넷과 컴퓨터의 발명으로 일어난 정보화 혁명, 3차 산업혁명 이후로 다가오게 된 4차 산업혁명은 한창 진행되고 있으며, 코로나가 그 시기를 훨씬 앞당겼습니다. 4차 산업혁명의 주요 기술은 잘 아시는 바와 같이 인공지능, 빅데이터, 블록체인, 사물 인터넷, 암호 화폐 등 정보통신 기술을 기반으로 한 기술들입니다. 4차 산업혁명에 대해 말

---

1 연합뉴스(2021.2.15.)
   https://www.yna.co.kr/view/AKR20210215100400005

할 때 주목할 것들이 참 많습니다. 저희는 그중에서도 다른 어떤 기술이 아닌 디지털 세계로의 전환과 그 안에서의 세계관, 그리고 증강학교의 건전한 세계관이 무엇인지"에 대해 말씀드리고 싶습니다.

여러분, 혹시 세계관이 무슨 뜻인지 아시나요? 세계관은 세상을 보는 관점을 의미합니다. 다른 말로는 빅픽처, 큰 그림, 프레임이라고도 합니다. 우리가 무엇을 보든 자신의 세계관을 거쳐서 보게 되니 안경이라고도 할 수 있겠습니다. 4차 산업혁명 이야기를 하는데 기술 이야기나 하지 세계관은 무슨 말일까요? 4차 산업혁명이 더 빠르게 다가올수록 세계관은 더 중요해집니다. 설명해드리기 위해 아까 앞에서 말씀드렸던 예로 다시 돌아가 보겠습니다.

코로나가 사람들의 일상을 모두 바꾸면서 저희는 온라인 세상에 본격적으로 발을 들여놓기 시작했습니다. 온라인에 익숙했던 사람도, 익숙하지 않았던 사람도, 이 상황을 반기는 사람도, 꺼리는 사람도 모두 이 방법을 선택할 수밖에 없었습니다. 이 새로운 방법, 온라인, 언택트라는 방법에는 좋은 면도 있지만, 어쩔 수 없이 부정적인 면도 있었습니다.

코로나 이후로 그 이전과 비교해서 스마트폰 과사용과 미디어 과사용이 2배 이상 늘어났습니다.[2] 인터넷을 접하고 사용하는 시

---

2   청년의사(2021.10.22.). https://www.docdocdoc.co.kr/news/articleView. html?idxno=2015774

간이 너무 갑작스럽게 늘었기 때문에 무분별한 인터넷의 사용으로 인터넷, 스마트폰 중독과 게임 중독도 정말 많이 늘었습니다. 하지만 코로나 19 이후로 인터넷을 사용하는 모든 사람이 인터넷 중독이 되었을까요? 게임을 하는 모든 사람이 게임 중독이 되었을까요? 아닙니다.

또 하나의 예시를 들어 설명해드리겠습니다. 인터넷상의 문제 중 이전부터 줄곧 거론되던 문제가 있습니다. 인터넷 속의 범죄입니다. 꼭 누군가의 돈을 인터넷에서 해킹해서 빼 오는 형식의 것만 범죄라 칭하는 것이 아닙니다. 인터넷 속에서 올바르지 못한 언어를 써 상대방을 극한으로 몰아가는 범죄_{악플, 사이버불링 등} 나 허위정보 유포 등도 포함이 됩니다. 이는 올바른 세계관을 가지지 못해 생겨난 일입니다. 올바른 세계관, 즉 안경으로 인터넷 세상을 바라봐야 하는데 그러지 못했던 것입니다. 그래서 저희는 세계관을 중요하다 강조하고 있습니다.

나의 꿈을 찾아가야 하는 학생이 내 삶의 뚜렷한 목표 없이 그저 흘러가는 대로 살아간다면 그 어떠한 것도 내가 주체적으로 하지 못하는 삶을 살게 됩니다. 특히 새 시대가 다가오고 있는 이 시점에서는 더 그렇습니다. 온라인 수업을 듣게 되면 하라는 대로 온라인 수업 듣고, 갔다 오라니까 학원 갔다 오고, 시간이 남으면 집에서 아무 생각 없이 노는 식으로 시간을 낭비할 수도 있죠. 보통 게임을 나쁘게 보시고 전혀 도움이 될 게 없는, 득이 되지 않는 일이라고 생각하시는 분들이 많은데, 이건 맞는 말이기도 하고, 틀린 말이기도 합니다. 왜냐하면, 게임을 하더라도 그 게임을 건전한 세계관을 통해서 보고, 그 안에서 나의 건전한 세계관대로 행동하고 이를 통해 선한 영향력을 미치거나 나의 재능을 찾는다면 그건 나와 타인 모두에게 도움이 되는 일이기 때문입니다. 게임 안에서도 이러한 세계관을 통해서 바라본다면 실 대신 득이 많을 것입니다.

보통 게임을 나쁘다고 생각하시는 이유 중의 하나가 몇몇 게임에서 등장하는 부적절한 표현들, 특정 장면이나 그 게임을 만든 일부 사람들의 좋지 않은 세계관 때문이라고 생각합니다. 나의 세계관이 건전하고 뚜렷하다면 아무리 다른 세계관을 가진 사람들의 주장을 보아도 나 스스로 이를 가릴 수 있을 겁니다. 코로나 19로 인해 미디어와 온라인 세계에서 보내는 시간이 많아질수록, 그리고 청소년들의 미디어 사용이 많아질수록 걱정이 느시는 학부모님들이 많습니다. 미디어와 인터넷을 무분별하게 사용하고 그 안에서 아무것이나 받아들이고 보게 될까 봐 걱정하시는 마음이 큽니다. 그래서 이 코로나 시대, 그리고 코로나 19로 확 앞당겨진 4차 산업혁명 시대에는 건전한 세계관이 훨씬 중요해집니다.

이 4차 산업혁명 시대는 검색을 통해 클릭 한 번이면 모든 것을 알 수 있는 시대라고 합니다. 정말 놀라운 사실이죠. 하지만 정보가 넘쳐날수록 나의 세계관이 뚜렷하지 않고 그저 휩쓸리는 대로 산다면 온갖 것들을 흡수하기만 하는 스펀지밖에 되지 못할 것입니다. 나에게 해로운 것과 유익한 것이 부엇인지도 분별하지 못하고 그 콘텐츠들 속에, 여러 가지 매체들 속에 어떤 메시지가 있는지, 어떤 세계관이 바탕으로 깔려 있는지 알지 못한다면 받아들이는 것밖에 하지 못하게 됩니다. 현재 청소년의 대부분은 받아들이는 것은 매우 잘합니다. 안타깝게도, 받아들이는 것만 잘한다는 것입니다. 뭔가를 볼 때 제대로 자신의 세계관대로 분별하며 받아들이는 청소년은 별로 없습니다.

그렇다면 어떻게 청소년들이 좋은 것들을 분별해서 보고 흡수하게 할 수 있을까요? 나쁜 것들을 무조건 막고, 인터넷상에는 나쁜 것들이 많이 있으니 무조건 금지하고 아무것도 못 하게 막는 법이 과연 맞는 방법일까요? 아닙니다. 그래서 건전한 세계관이 필요합니다.

증강학교에서는 건전한 세계관을 가진 서퍼를 양성합니다.

02
삶의 의미를 찾는 학교

증강학교는 삶의 의미를 찾는 학교이기도 합니다. 현재 대한민국 학생들의 삶의 의미는 무엇일까요? 지금 한국 학생들에게 삶의 의미가 있을까요? 의미 있는 삶을 살고 있다고 스스로 생각할까요? 대한민국 학생들의 현 상황을 보여주는 기사들을 잠시 보여드리겠습니다.

"지난해 한국방정환재단이 연세대 사회발전연구소와 손잡고 초등 4학년부터 고교 3학년까지 총 7454명을 대상으로 같은 조사를 실시한 결과, 2019년 우리나라 청소년들의 주관적 행복지수 표준점수는 88.51점으로 나타났습니다. 10년 전(65.1점)에 비해 높아진 졌지만, OECD 22개국 가운데 20위를 기록하며 여전히 최하위에 머물렀습니다. 주관적 행복지수는 2018년(94.7점)보다 6점이나 급감했습니다."[3] "25일 통계청이 발표한 '2021 청소년 통계'에 따르면 지난해 중·고등학생 25.2%는 최근 1년동안 우울감을 경험한 적이 있었다. 우울감은 단순히 감정적 우울이 아니라 2주 내내 일상생활을 중단할 정도로 슬프거나 절망감을 느끼는 경우를 뜻한다." "2019년 기준 청소년9~24세 사망 원인은 고의적 자해자살가 가장 많았다. 자살은

---

3   경향신문(2020.05.05.)
https://www.khan.co.kr/national/national-general/article/202005

2011년부터 9년 연속으로 청소년 사망 원인 1위를 차지했다."[4] "한국 학생들의 학업 스트레스도 높은 것으로 나타났다. 아동·청소년의 33.8%가 '죽고 싶다는 생각을 가끔 하거나 자주 한다'고 응답했다. 그 원인으로 학업 문제(37.2%)가 가장 큰 비중을 차지했다."[5] "일주일 평균 공부시간 50시간, 6시간도 안 되는 수면시간, 중고생 81% 학업 스트레스 받아…."[6]

물론 이 기사들이 대한민국 모든 학생의 상황을 다 대변하지는 못하지만, 많은 학생의 상황을 보여주고 있는 것은 사실입니다. 이 통계 자료들을 바탕으로 보자면 현재 대한민국의 학생들은 삶의 의미를 위해서 공부하고 있는 게 아니라 반대로 공부, 학업 때문에 삶의 의미를 잃어버리고 있습니다. 삶의 의미를 찾기 위해서 하는 공부인데, 오히려 공부 때문에 삶의 의미를 잃어가고 있다니 아이러니합니다. 일주일 평균 공부시간이 50시간에, 6시간도 안 되는 수면시간으로 학생들이 행복할 수 있을까요? 삶의 의미를 찾을 수 있을까요? 아닙니다. 학생들은 오히려 살아갈 이유마저 잊어버리고 있습니다.

그래서 증강학교에서는 살아갈 이유, 삶의 의미를 찾는 공부를 합니다. 증강학교에서는 학생들에게 암기를 잘하는 법, 공식을 잘 이용하는 법, 화자의 정서와 태도를 파악하는 법을 가르치지 않습

4   매일경제(2021.05.25.).
    https://www.mk.co.kr/news/economy/view/2021/05/501697/
5   서울경제(2019.12.24)
    https://www.sedaily.com/NewsVIew/1VS770F4PD

니다. 증강학교의 학생들은 나는 왜 사는지, 나의 미션은 무엇이고, 내가 존재하는 이유는 무엇인지, 무엇을 하기 위해 사는지 계속해서 질문하고 답을 찾아갑니다.

증강학교가 정말 놀라운 학교인 이유는 학생이 이 학교에 이젠 더 다니고 싶지 않다고, 나의 길을 찾아서 떠나겠다고 할 때 그 학생을 응원하고 자신의 길을 찾아 떠날 수 있도록 모두가 진심으로 즐거워해준다는 사실입니다. 그게 무슨 말이냐고, 쓸데없는 소리하지 말고 공부나 하라고 하는 게 아니라 정말 자신의 길을 찾아갈 수 있도록 지지해주는 것입니다.

증강학교에 다니려면 내가 왜 증강학교에 다니는지 명확한 이유가 있어야 합니다. 부모님의 권유? 주변 사람들의 추천? 물론 좋습니다. 이런 작은 이유가 큰 변화와 큰 기회가 되어 누군가의 인생을 바꿀 기회가 될 수도 있습니다. 하지만 증강학교는 내 삶의 의미를 찾는 학교입니다. 아무 이유 없이 다니라고 하니까 다니고, 과제 하라고 하니까 하는 학생들에게는 아무 의미가 없습니다. 증강학교에 다니는 학생은 누구나 자기 삶의 의미를 찾게 됩니다. 그리고 내가 왜 이 학교에 다니는지 명확히 정의하게 됩니다.

---

6   오마이뉴스(2018.12.04.).
    http://m.ohmynews.com/NWS_Web/Mobile/raw_pg.aspx?CNTN_
    CD=A0002493279

03
선한 영향력을 미치는 학교

    증강학교는 선한 영향력을 끼치는 학교입니다. 지금부터 증강학교가 어떻게 선한 영향력을 끼치고 있는지와, 왜 선한 영향력을 미쳐야 하는지 알려드리겠습니다. 증강학교에서는 미래저널 생태계 안에서 서로 공감하고 치유해주며 선한 영향력을 미치고 있습니다. 네이버 밴드 안에서 각자의 사진첩에 미래저널을 작성해 올리며 다른 사람들의 미래저널 내용을 보고 선한 댓글_{선플}을 달아주는 것입니다. 또한, 이 미래저널 생태계 안에서는 생명을 살리는 활동도 하고 있습니다.

    미래저널 생태계 밴드 안에는 약 200명 정도의 멤버가 들어와 있습니다. 미래저널 안에 그날 자신이 너무 슬펐던 일이나 화났던 일, 감사한 일들을 적어서 올리면 미래저널에 선플들이 달립니다. 덕분에 아무리 우울하고 슬퍼도 댓글을 통해 위로받을 수 있습니다. 여기서 끝나는 것이 아닙니다. 혹시 "대댓글"이라고 들어보셨나요? 대댓글은 댓글 아래에 달리는 또 다른 댓글을 말합니다. 만약에 자신이 다른 친구의 어떠한 일을 위로해주었을 때 그 친구도 감사한 마음을 담아 댓글을 남길 수 있죠. 이 과정이 계속해서 순

환되며 생명을 살리는 생태계가 됩니다.

증강학교 안에서는 바른 가치관, 세계관, 철학 등을 배우고 있습니다. 그리고 이것들을 통해서 선한 영향력을 배웁니다. 증강학교 학생들은 이것들을 어떻게 실천하고 있을까요? 많은 실천이 있겠지만 그중에서 서번트 리더의 10가지 특징을 설명하겠습니다. 저희는 일상생활에서 증강학교를 통해 배운 서번트 리더의 10가지 특성으로 타인의 성장에 헌신하고 또한 나 자신의 이익보다 공동체의 이익을 중요시하며 그 안에서 저희도 모르게 무의식적으로 선한 영향력을 끼치고 있습니다.

저희는 증강학교를 다니며 저희의 일상이 많이 바뀌었다는 걸 느낄 수 있었습니다. 저희의 일상에서 선한 영향력이 나오는 경험을 했습니다. 증강학교 친구의 한 예시를 들려드리겠습니다. 그날은 분리수거를 하는 날이었습니다. 분리수거를 마치고 집으로 돌아가는 도중 분리수거 할 쓰레기가 너무 많아 고생하시는 할머니를 보았습니다. 그냥 지나칠 수 있었지만 그러지 않았습니다. 동생에게 먼저 올라가서 쉬고 있으라고 말한 뒤 할머니의 분리수거를 도와드리고 집으로 가니 정말 뿌듯하고 기분이 좋았습니다. 칭찬을 받아서 좋았던 걸지도 모르지만 그냥 지나쳤으면 가슴이 답답할 것 같았습니다. 다음날에 도와드렸던 할머니를 다시 뵙게 되었는데 할머니께서 저를 알아보시고 고맙다고 말씀해주시니 저 자신이 자랑스러웠습니다. 증강학교의 친구들은 대부분 이렇게 선헌 영향력을 일상생활에서 실천하였습니다.

그런데 왜? 도대체 왜? 저희는 선한 영향력을 일상에서 실천해야 하는 걸까요?

하버드에도 없는 AI시대 최고의 학습법, 지정의 학습 책에서는 이렇게 말해주고 있습니다.

"오직 인간만이 선한 실천을 할 수 있고 인공지능은 이것을 배울 수 있다. 그러기 위해서는 인간의 역사가 올바르다는 것을 보여줄 수 있어야 한다. 그런데 만약 인간이 개인주의적이고 타인과의 경쟁에서 이기는 것만 생각한다면, 그리고 그것이 역사의 기록으로 계속 남는다면 우리는 인공지능에게 자율성을 주어서는 안 된다.

그러면 인류는 '나쁜 인공지능'에게 지배받게 되고 우리는 더욱 불행해질 것이기 때문이다. 인간은 늘 선함을 추구해왔다. 그 추구가 이상으로 그치지 않고 구체적이고 매일매일의 그 무엇이 된다면 인간의 역사는 새롭게 쓰일 것이다."

4차 산업혁명의 시대는 이미 도래했고 저희는 앞으로 인공지능과 함께 살아가게 될 것입니다. 나쁜 인공지능에게 지배받고 불행해지지 않기 위해서라도 저희는 선한 역사를 차근차근 기록해나가야 합니다. 인공지능도 선한 영향력을 배우고 끼칠 수 있게 될 겁니다.

저희는 증강학교에서 미래저널을 작성하며 감사하는 법을 배웠습니다. 저희는 종종 저희 자신이 불행하다고 생각했었지만 미래저널에 감사를 쓰게 된 이후로 저희에게 주어진 모든 상황에 감사하고 긍정적으로 변환시킬 힘이 생겼습니다. 모든 상황을 긍정적으로 바라볼 힘이 생기며 불행하거나 어려운 상황에 부닥친 타인을 위로하고 치유해줄 수도 있었습니다. 선한 영향력을 발휘하기 시작한 것이죠. 증강학교의 기본이자 중심은 미래저널이라고 할 수 있습니다. 이 기본인 미래저널을 통해 일상생활에서 차근차근 선한 영향력을 발휘할 수 있을 것입니다.

미래저널 말고도 저희 증강학교 안에는 많은 과정이 있습니다. 그 과정 하나하나가 깊은 의미를 담고 있고 선한 영향력을 끼칠 수 있습니다.

지금까지 선한 영향력을 미쳐야 하는 이유와 선한 영향력을 끼치는 학교 증강학교에 대해서 알려드렸습니다.

증강학생들의 선한 영향력 [줍깅]

2장.

진짜 나를 찾는 공부

1. 점수와 등급도 없고 경쟁도 없는 공부
2. 제일 먼저 나를 찾는 공부
3. 진짜 나를 찾기 위한 '자성지겸예협' 공부

01
점수가 없는 학교, 경쟁이 없는 학교, 등급이 없는 학교

　주입식 교육을 배우는 학교에서는 입시를 위한 입시 경쟁이 존재합니다. 더 높은 점수, 등급을 받기 위해서 서로가 서로의 적이 되고 경쟁 상대가 되는 경우가 많습니다. 일반 학교에서는 학생들끼리 시도 때도 없이 경쟁하는 학습을 합니다. 다른 친구들에 비교했을 때 뒤처질까 봐 끊임없이 지식을 주입하고, 경쟁하느라 무언가 다른 것을 해볼 틈조차 없죠. 2장에서는 일반 주입식 교육과는 다른 경쟁, 등급, 점수가 없는 학습과 나를 아는 학습을 실천해 내는 곳, 증강학교를 소개하겠습니다.

　일반 주입식 교육에서는 점수, 즉 등급으로 사람의 가치를 매기고 '쓸모있는 사람', '쓸모없는 사람'을 나눕니다. 여기서 말하는 등급이란 '신분 또는 품질에 대해서 우위를 매기는 것'[7]입니다. 등급은 지금까지 잘 쓰이고 있었습니다. 아이들이 넘쳐나던 3차 산업혁명 당시, 대부분의 주입식 교육을 가르치는 소수의 선생님이 수많은 아이를 가르치다 보니 쉬운 암기 과목으로 한 번에 등급을

7　국어사전 '등급' https://languages.oup.com/google-dictionary-ko/

찍어내는 것이 훨씬 효율적이었던 겁니다. 아마도 3차 산업혁명까지는 이렇게 공장처럼 찍어내는 학습이 최고의 학습이었을 것입니다. 현재에 와서도 등급으로 사람을 뽑는 모습이 종종 보이니까요. 그러나 이 방식은 3차 산업혁명에서 먹혔을지 몰라도 4차, 5차, N차 산업혁명에서는 사용되기 어렵습니다. 예를 들어보겠습니다. 1부터 9까지의 등급이 있습니다. 1등급은 아주 좋은 것이고 점점 등급이 내려갈수록 안 좋아집니다. 컴퓨터 두 대가 있습니다. 한 컴퓨터는 매우 낡아서 9등급이라고 등급을 매겼고 또 다른 컴퓨터는 최신형이라 등급을 1등급으로 매긴 겁니다. 그러나 이는 물건에 해당하는 것이지, 저희 인간에게 해당하는 것은 아닙니다. 미래시대에는 이렇게 인간을 가지고 등급별로 나누는 것이 오히려 약점이 될 것입니다. 왜냐하면, 미래시대는 창의적인 것을 필요로 하는데 다 같은 것을 주입하고 교육받았으니까요. 그래서 증강학교는 이러한 등급제가 존재하지 않습니다. 일반 학교는 자신의 점수나 등급을 위해서 학습을 한다면 증강학교는 점수나 등급에 초점을 두지 않고 eBPSS 안경을 쓰고 바라보며 모두에게 도움이 되고 함께 성장할 수 있는지에 초점을 둔 학습을 하고 있습니다. 증강학교에서는 타인을 위해 배려하고 함께 성장하며 자발성, 성실성, 지속성, 겸손, 예의, 협력을 중요시해야 한다는 것을 배웁니다. 학생들끼리 서로 돕고 자성지겸예협을 발휘하며, 나 혼자 성장하고 발전하는 것이 아닌 친구들과 함께 성장해나갑니다. 이 과정을 통해서 학생들은 미래시대를 즐기는 힘과 친구들을 신뢰하고, 믿는 힘을 키울 수 있게 됩니다.

솔직히 말씀드리자면 처음에 증강학교로 들어올 때는 점수가, 경쟁이, 등급이 없다는 이 말이 거짓처럼 느껴졌습니다. 증강학교가 제대로 진행되고 있는 학교인지 의문이 생기고 의심스러웠습니다. 지금까지 저희 머릿속에 각인되어있던 학교는 점수, 경쟁, 등급 같은 것들이 존재했습니다. 이러한 선입견들 때문인지 증강학교도 마찬가지로 점수, 경쟁, 등급이 존재했을 것으로 생각하고 있었던 것 같습니다. 그런데 증강학교를 다니다 보니 증강학교는 무언가 다르다는 것을 한순간에 알 수 있었습니다. 그래서 저희는 기존의 학교와는 조금 다른 증강학교에 저희가 다닌다는 것 하나만으로 늘 새롭고 신기한 기분을 느끼고 있습니다. 그럼 지금부터 저희 증강학교 친구들이 증강학교에 다니며 느끼게 된 것들에 대해 말씀드리겠습니다.

김주혜 저희는 증강학교에서 처음으로 제대로 된, 자성지겸예를 갖춘 협력이란 것을 해봤습니다. 그동안 올바른 협력이란 무엇인지 몰랐기에 주위 사람들을 동료가 아닌 경쟁자로 봤었고, 등급에 따라 '게으른 사람', '나쁜 사람', '착한 사람' 등으로 나누는 일에 자신도 모르게 익숙해져 있었습니다. 그래서 나 혼자 과제를 하는 것이 편안했습니다. 무엇이든지 스스로, 혼자 하는 것을 제일 잘했었습니다. 그러다 보니 증강학교 안에서 친구들과 협력할 때마다 늘 삐걱삐걱 했습니다. 아마 소통의 부재가 원인이었던 것 같습니다. 협력이 어려웠기에 조별 과제는 정말 고통스러웠습니다. 이랬던 저희가 이제는 자성지겸예협, 모두를 갖춘 리더가 되어가고 있습니다. 이렇게 되기까지 꽤 많은 어려움이 있었습니다. 어린 저희는 힘들었던 다른 친구의 사정을 이해하기 어려웠고, 그랬기에 자신의 처지만 생각했었습니다. 그러다 보니 모든 것이 억울했고 슬펐습니다.

그러나 점수가 없기에 터무니없는 의견이라 생각이 들어도 이 의견을 가지고 같이 사유해볼 수 있었고, 등급이 없었기에, 받은 피드백에 주눅 들고, 자책하는 일 또한 없었습니다. 처음에는 이렇게 점수도, 경쟁도, 등급도 없는 것이 정말 실존하는 학교인지 조금 의구심이 들었지만, 점수가, 경쟁이, 등급이 없다 보니 편안한 마음으로 자성지겸예협을 발휘하며 증강학교를 즐길 수 있었습니다.

정지원 또한 시대를 읽는 법, 나를 알고 타인을 아는 법, 리더란 무엇인지를 배웠습니다. 꿈도 없고 무기력하고, 아무것도 몰랐던 저희가 증강학교를 만나서 삶의 방향성을 찾아가고 있습니다.

손지우 증강학교는 마냥 끌려가는 것이 아니라 주체적인, 자신이 원하는 방향으로 자발성을 발휘할 수 있는 학생들을 키워가는 학교입니다. 그렇기에 점수, 경쟁, 등급이 존재하지 않죠. 일반 학교에 다닐 땐 시험을 잘 보기 위해서 공부하고 학습하며 친구들보다 스스로가 뒤처지면 질투하고 미워했던 기억이 있습니다. 어리기는 했지만, 무의식적으로 공부를 잘하는, 즉 잘 나가는 친구들을 보면 부러움과 함께 알 수 없는 감정이 올라오곤 했습니다. 그러나 경쟁이 없고, 점수가 없고, 등급이 없는 증강학교에 오니 그때처럼 마냥 감정을 느끼고 끝나는 것이 아닌 더 분발해 그 친구들처럼 행해야겠다는 '지깨달은 점, 알게 된 점'와 '정감정'과 '의앞으로 실천할 점. 의의 실천'까지 얻게 되었고 성장할 수 있는 큰 계기가 되었습니다. 그래서 뒤처지는 친구가 있을 땐 도움을 주어 함께 나아가려는 변화를 꾀할 수 있었습니다.

김수겸 아무래도 이렇게 등급이 없는 학교에 들어오니 이를 어찌 따라가야 할지 몰라 혼란스럽기도 했습니다. 중간에 그만두고 싶은 마음이 들기도 했습니다. 그러나 더 열심히 하고 최선을 다해서 훈련해야겠다고 다짐했습니다. 다른 친구들보다 저희가 부족해도 그 친구를 시기하고 질투하는 것이 아니라 우선 스스로를 성찰하고 알아가려 하였습니다.

송하준 또한 증강학교 안에서는 점수가 일반 학교와는 다르다 보니 저희가 좋아하거나 잘하는 것들을 정말로 실천으로 바꿔나가며 성장하고, 변화해나갈 수 있었습니다. 학생들과 함께 서로 협력해서 조별 발표를 준비하는 시간도 매우 의미 있고 즐거웠습니다. 점수가, 경쟁이, 등급이 없기에 더 즐거운 마음으로 즐길 수 있었습니다.

증강학교 안에서는 점수를 매기지 않고 서로 악의적인 경쟁하는 공부가 아닌 도움을 주는 학습을 하기 위해 자성지겸예협을 실천합니다. 이렇게 증강학교를 만나 지내다 보니 점차 저희의 일상생활이 달라졌습니다. 나 먼저 자성지겸예협을 실천하며 뉴스에 나오는 것까지는 아니었어도 주변 친구들, 이웃에게 선한 영향력을 끼치려 노력하고 있습니다. 이 선한 영향력은 지금은 작게 느껴질지 몰라도 계속해서 이어지며 결국엔 세상에 큰 선한 영향력이 되어갈 것입니다. 그래서 다음 챕터에서는 점수, 경쟁, 등급이 없는 학교인 증강학교에서 '나'에 대해 발견하는 미래저널, 그리고 이것을 실천하는 방법인 '자성지겸예협'에 대해 설명해드리고자 합니다.

02
제일 먼저 나를 찾는 공부

저희는 증강학교 안에서 "나"에 대해 알아가고, 찾고, 질문하고 있습니다. 앞에서 이야기했듯이 이전에는 점수, 경쟁, 등급에 시달려 나를 찾지 못했었습니다. 나를 찾을 시간조차 존재하지 않았습니다. 이렇게 점수가, 경쟁이, 등급이 있는 곳에서 벗어나 증강 학교를 다니게 된 저희가 그 무엇보다 가장 많은 시간과 에너지를 쏟게 된 것이 바로 나를 찾는 훈련입니다. 저희는 증강 학교 안에서 고강도의 나를 찾는 훈련을 받았습니다.

지금부터 저희, 증강학교 학생들이 받았던 나를 아는 훈련에 관해 설명해 드리고자 합니다.

저희는 '미래저널'이라는 나를 알아가는 다이어리를 작성하였습니다. 미래 저널은 7가지의 항목이감사, 나는 누구인가, 선한 영향력, 놀이, 왜, 화나는 일, 서번트 리더십 체크있습니다. 이 7가지 항목을 매일 작성하며 하루하루 변화하고 발전하는 나를 기록합니다. 미래 저널을 쓰지 않았다면 알지 못했던 나의 모습들, 내 내면의 모습들을 미래저널을 통해 인식하고 발견해갈 수 있게 됩니다.

나를 찾는 여정을 설명하는 2장에서 여러분이 꼭 아셔야 하는 이야기를 해드리고 싶습니다. "나"는 무엇이라고 생각하시나요? 어떤 위대한 사람의 본질에 대해 알고 싶을 때는 그 사람의 발자취를 보라는 말이 있습니다. 저희는 이 발자취를 인간의 본질이라 생각했습니다. 이러한 인간의 본질은 결국 인간다움입니다. 인간다움이란 AI가 감히 따라 할 수 없는, 인간만이 가지고 있는 것입니다. 이 인간다움은 인간이라면 누구나 마음속 깊은 곳(즉 본질)에 가지고 있습니다.

이어서 설명하자면 인간은 누구나 자신의 마음속 깊은 곳에 인간다움을 품고 있습니다. 이러한 인간다움은 곧 인간의 마음속 깊은 곳에 존재합니다. 그리고 저희는 이를 인간만의 온전함이라 봤었는데요. 여기서 여러분은 왜 인간다움이 온전함인지 궁금하실 수 있습니다. 간략한 설명을 하고 넘어가겠습니다. 온전함의 정의는 "본바탕이 그대로 고스란하다."입니다. 인간의 본바탕 그대로가 바로 인간다움이고, 이것은 곧 온전함이라는 것입니다. 이해가 되셨나요? 그렇다면 다시 본론으로 돌아오겠습니다. 이 온전함은 미래사회에 필요한, 필수적인 요소 중 하나입니다. 이러한 온전함은 미래사회에 어떻게 활용될까요? 지금부터 그 이야기를 시작하도록 하겠습니다.

여러분은 앞으로의 미래사회는 어떨 거라고 예상하시나요? 어릴 때 저희는 미래사회가 현재와 다르지 않을 거라 생각했었습니다. 현재와 같이 어떠한 발전조차 없는, 이 상태 그대로 남지 않을까 생각했습니다. 이렇게 미래를 생각하며 과거에 존재한 직업을 손꼽아 행복해했죠. 그러나 현실이 그런가요? 아마 이 질문에 여러분이 해주시는 답은 "아니." 일 겁니다. 핸드폰이 접히고 (Z플립과 같은 핸드폰 기종), 코로나 팬데믹이 원인이긴 하지만 하루라도 가지 않는다면 세상이 멸망할 것 같이 느껴졌던 학교에 가지 않고 집에서 공부하게 되었습니다. 수많은 직업이 사라지고, 또다시 조금은 생소한 새로운 직업이 나오기도 했습니다. 그러면서 옛날에는 대부분의 사람이 생각 없이 주어진 것을 했다면 이제는 점점 내가 왜 이것을 하고 있는지 그 '의미'를 찾기 시작했습니다.

미래사회는 지식과 정보가 넘쳐날 겁니다. 이렇게 넘쳐나는 사회이기에 오히려 '나'를 아는 것이 중요해집니다. 나를 알아야 미래사회의 모든 장점을 잘 활용할 수 있기 때문입니다. 해일처럼 몰려오는 수많은 정보에 휩쓸리는 것이 아니라 이것을 가지고 제대로 서핑할 줄 알아야 합니다. 이렇게 서핑하는 능력이 곧 나를 아는 것이고, 이러한 것을 증강학교에서는 가르치고 있는 것입니다.

또한, 이렇게 해일처럼 지식정보가 밀려오는 미래사회에는 이에 휩쓸리는 일이 없어야 합니다. 시간, 장소, 대상에 구애받지 않고 모든 정보가 들어올 때 이를 가지고 내가 제대로 사유하는 시간을 가져야 하는 것처럼요. 정보가 해일처럼 밀려올 때 거짓 정보 또한 함께 오기에 이 정보의 잘잘못을 가려 나에게 이익이 될 것, 해가 될 것을 잘 가려야 합니다. 그렇다면 이를 어떤 식으로 가릴까요? 나를 알고 타인을 알아야 합니다. 나에게 귀를 기울여 내게 도움이 될 정보를 가려내고, 타인에게 귀를 기울여 이들의 본질을 꿰뚫어 볼 줄 알아야 합니다.

"미래사회는 지식정보의 창출 및 유통 능력이 국가경쟁력의 원천이 되는 정보사회로 발전할 것이다. 정보사회는 무한한 정보를 중심으로 하는 열린 사회로 정보제공자와 정보소비자의 구분이 모호해지며 네트워크를 통한 범세계적인 시장 형성과 경제활동이 이루어진다. 정보통신은 이러한 미래 정보사회의 기반으로서 지식정보의 창출과 원활한 유통이 가능해지기 위해서는 정보통신의 역할이 중요하다. 정보통신 기반을 활용함에 따라 정보사회의 활동 주체들은 모든 사회 경제활동을 시간·장소·대상에 구애받지 않고 수행할 수 있게 될 것이다."[8]

미래사회는 더는 정해진 시간에 일어나, 정해진 시간에 밥을 먹고, 정해진 시간에 집에 가는 그러한 사회가 아니게 되었습니다. 계속해서 변화가 일어나고, 변화해야 하는 세상이 앞으로의 미래사회가 되었습니다. 저희가 원치 않더라도 세상은 계속해서 변화할 것이고 변화하기 싫다고 꾸물대다가는 시대에 의해 강제로 바뀌게 될 것입니다.

미래사회는 '정보사회'라는 말이 있습니다. 사회 전반에 걸쳐서

---

8   (진한엠앤비, 2012, 기록으로 본 한국의 정보통신 역사 2)

일어나는 변화의 정도와 그 속도를 저희가 따라가야 합니다. 미래 사회에서 제대로 변화를 따라가지 않는다면 어떻게 될까요? 미래 사회에서 뒤떨어지게 됩니다. 미래사회에서 뒤떨어져 강제로 끌려 가는 것이 아닌 미래인재로서 미래사회를 즐거야 합니다. 저희는 미래인재가 되어야만 합니다.

그렇다면 계속해서 변하고, 또 변하는 앞으로의 미래사회라는 신 기한 곳에서, 미래인재로서 필요한 것은 무엇일까요? 바로 온전함입 니다. 앞서 인간의 본바탕인 온전함에 대해 말한 바 있습니다. AI 가 감히 따라 할 수 없는 인간만의 인간다움, 그것이 저희 인간의 본 바탕, 즉 온전함인데 이를 미래시대에서 충분히 발휘해야 합니다. 그리고 이러한 온전함은 '나'를 앎으로서 갖추어 갈 수 있습니다.

그렇다면 나를 어떻게 알까요?

저희는 인간의 온전함(인간의 본바탕, 즉 인간다움)을 가진 인 재가 바로 미래사회의 미래 인재라 보았습니다. 한마디로 급변하 기에 예측하기 어려운 미래사회를 제대로 즐길 수 있는 자는 바로 온전함을 지닌 미래인재라는 것입니다. 앞에서 설명한 것처럼 온 전함은 곧 지·정·의知情意 학습, 미래 저널과도 연결됩니다. 바로 인 간의 본바탕(온전함), 즉 자신의 인간다움을 성찰할 수 있게 해주 고, 회복시켜주는 것이기 때문에 그런 것이죠. 온전함은 미래사회

https://book.naver.com/bookdb/book_detail.nhn?bid=7104444

에 꼭 필요한 요소 중 하나입니다.

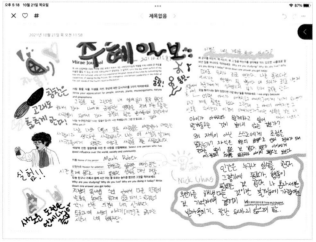

저희는 지금까지 나를 앎으로써 나의 인간다움, 즉 온전함을 발견해낼 수 있고 이렇게 발견한 나의 온전함은 미래시대에 유용하게 쓰인다 했습니다. 지금부터는 증강학교 친구들이 나를 찾기 위해 했던 사유의 이야기를 들려드리고자 합니다.

미래저널은 나를 발견하게 해주는 일종의 돋보기(이론)입니다. 나를 찾기 위해서는 나를 발견할 수 있는 '돋보기'와 이렇게 발견한 나를 실천할 '실천'이 존재해야 합니다. 미래저널의 각 항목을 통해 자신의 감정, 질문 같은 것들을 구체적으로 확인할 수 있게 되는 것이죠. 미래저널에 대한 자세한 설명과 증강학교 학생들이 배운 미래저널 학습방법에 대해서는 3장에서 제대로 설명해줄 것입니다. 저희는 나를 발견하게 해주는 돋보기의 역할, 미래저널에 초점을 맞춰 설명할까 합니다.

양성규 저희는 약 1000일 동안 미래 저널을 작성하였습니다. 매일 '나는 누구인가?', '왜 사는가'를 나 자신에게 끊임없이 물었습니다. 그렇게 나의 내면과 소통했고 나를 조금씩 찾을 수 있게 되었습니다.

정희원 온전함은 나를 아는 것이라 설명했었는데요. 미래 저널을 작성하며 매일 나에 대해, 내 미션과 비전에 대해 고민하다 보니 인간다움, 즉 온전함을 조금씩 찾게 되었습니다. 나의 미션과 비전, 인간다움에 대한 사유가 더 깊어져서 너무 행복한 기분이 들기도 합니다. 아마도 세상을 긍정적 시선으로 보는 힘이 이를 통해 키워졌기 때문인 것 같습니다. 증강학교의 여러 활동을 하며 나에 대해 하나씩 찾을 수 있게 되는 것 같습니다.

증강학교의 활동 중 미래 저널을 매일 꾸준히 작성하며 나를 정확히 찾지는 못했지만 그래도 조금씩 나를 알아가고 있음을 느낍니다. 다른 과제에는 아직 익숙하지 않기에 나를 찾기는 어렵지만, 저널을 쓰다 보니 가만히 있다가도 "나는 누구일까?" 하는 생각이 가끔 떠오릅니다. 떠오를 때마다 사유해보면서 조금씩 나를 알아가고 인간다움(온전함)을 갖춰가는 중입니다.

정지원 저희는 증강학교에 다니기 전까지 내가 어떤 사람인인지도 몰랐고, 내가 앞으로 무엇을 해야 할지, 무엇을 위해 살아야 할지 하나도 몰랐습니다. 그냥 매일매일 살기만 했습니다. 무기력하지만 그저 학습되었던 그대로 살아갔었습니다. 하지만 이제는 증강학교를 통해 내면의 나와 인간다움을 갖추어가며 시대를 알고, 내가 누구인지 알아가고 있습니다. 또한, 앞으로 무엇을 위해 살고 무엇을 하며 살지도 알아가는 중입니다.

03
진짜 나를 찾기 위한 "자성지겸예협" 공부

자성지겸예협 나를 찾기 위해 하는 실천

저희는 앞서 나를 아는 것은 나의 인간다움을 아는 것이고, 이것이 곧 온전함이라 설명했습니다. 여러분은 이 이야기를 들으면서 나를 어떻게 알아야 하는지에 대해 의문이 드셨을 겁니다. 미래저널이라는 돋보기를 통해 나에 대해 발견하셨다면 이제 무슨 실천을 해야 할까요? 이것에 대해 고민해보셨나요? 충분한 답을 얻으셨는지 궁금합니다. 저희가 생각한 "나"에 대해 알기 위해, 나를 찾기 위해 실천해야 하는 것은 바로 자성지겸예협입니다. 자성지겸예협이란 자발성, 성실성, 지속성, 겸손, 예의, 협동심을 뜻하는 말입니다. 저희는 이런 자성지겸예협이 곧 인간다움이라 보았습니다. 자성지겸예협을 가지고 실천한다면 인간만의 본바탕이 회복되기에 새 시대의 거대한 파도를 마음껏 즐길 수 있는 온전한 자가 될 수 있습니다. 이해가 살짝 어려우시다면 다시 구체적으로 풀어드리겠습니다.

인간의 본바탕이 곧 온전함(인간다움)입니다. 이러한 인간의 온전함을 찾기 위해 또는 발전시키기 위해 해야 하는 중요한 실천이 바로 자성지겸예협입니다. 자성지겸예협은 인간의 온전함(즉 인간다움)이기도 하나 인간의 온전함을 성장시킬 수 있는 거의 유일하다시피 한 실천입니다.

그래서 증강학교에서는 자성지겸예협을 가지고 학생을 평가하기에 학생은 서로 자성지겸예협을 발휘해 과제를 하려 하는 형식으로 서서히 변화해갑니다. 그렇다면 증강학교에서 나를 찾기 위해 하는 실천, 즉 '자성지겸예협 실천'을 어떤 방식으로 해나가고 있을까요? 나를 알고 새 시대의 미래인재가 갖추어야 할 항목인 자발성, 성실성, 지속성, 겸손, 예의, 협력을 향상 및 발전시키기 위하여 저희 증강학교에서는 '자성지겸예협 성적표' 가지고 평가를 합니다. 여기서 말하는 평가는 자신의 능력을 평가하여 깎아내리는 것이 아닙니다. 학교생활을 하며 자성지겸예협이 얼마나 발달했는지를 보는 것이고, 부족한 것이 있다면 그 점을 보완하기 위해 진행되는 것입니다. FT님들의 피드백이 담긴 성적표는 이러한 점에서 사람을 점수로 평가하는 일반적인 성적표와 다릅니다.

자발성	개인이 적극적으로 자발성을 가지고 eBPSS 마이크로칼리지(증강학교)의 활동에 참여하고 있는지 보는 것이다. 이는 수업 안에서 뿐만 아니라 수업 밖에서의 활동을 포함하는 것이다. 오프라인, 온라인 상관 없이 증강 세계 안에서의 소통과 타 T들 평가한다. 구글 클래스 룸, 밴드, 카카오톡 등에서 정해진 과제 뿐만 아니라 과제 외의 활동에도 적극적인지를 본다. 오프라인 미팅, 줌 수업, 구글 클래스 룸, 밴드, 카카오톡 등에서의 활동을 정성적, 정량적으로 관찰한 후 평가를 할 수 있어야 한다. 정량, 정성적 평가는 분명한 증거자료를 갖고 주관적인 평가를 하는 것을 의미한다.
성실성	성실성 추구하는 목표를 조작받하고, 지속적으로 추진하려는 경향성을 의미한다. 이를 위해서는 eBPSS 마이크로칼리지에서 추구 하는 목표가 무엇인지 정확히고 지속적인 추진을 하는지 봐야 한다. 미션이 정확히 있는가를 살펴보고 이도를 볼 수 없는 것이다. 또한서 지향의 학습과 미래 작성할 때 미션에 부합한 활동을 하고 있는지 봐야 한다. F.T가 우선 미션이 무엇인지를 파악해야 성실성을 제대로 판단할 수 있다. 오프라인 미팅, 줌 수업, 구글 클래스 룸, 밴드, 카카오톡 등에서의 활동을 정성적, 정량적으로 관찰한 후 평가를 할 수 있어야 한다. 정량, 정성적 평가는 분명한 증거자료를 갖고 주관적인 평가를 하는 것을 의미한다.
지속성	'공동체가 공동체의 기능을 수행하고 존재할 수 있는 상태'를 지속성이라고 한다. 지향의 학습에서 Good Job를 받는 것이 왜 중요한가. 미래지향에서 로즈 개수가 왜 중요한가? 이는 공동체가 미션을 수행할 수 있도록 필요한 기초적 훈련이기 때문에 그렇다. F.T는 이를 마음에 두고 오프라인 미팅, 줌 수업, 구글 클래스 룸, 밴드, 카카오톡 등에서의 활동을 정성적, 정량적으로 관찰 한 후 평가를 할 수 있어야 한다. 정량, 정성적 평가는 분명한 증거자료를 갖고 주관적인 평가를 하는 것을 의미한다.
겸손	eBPSS 마이크로칼리지에서 겸손은 자신의 부족함을 알고 자신보다 뛰어난 자들이 있음을 겸허하게 받아들이고 늘 배우려는 자세이다. F.T는 이 점의에 의해 평가한다. 학생이 늘 배우는는 자세가 있는가를 질문에서야 한다. F.T는 지향의 매 미래자세(의 활동을 정성적, 정량적으로 관찰한 후 평가를 할 수 있어야 한다. F.T는 오프라인 미팅, 줌 수업, 구글 클래스 룸, 밴드, 카카오톡 등에서의 학생 활동을 정량, 정성적으로 평가할 분명한 증거자료를 갖고 주관적인 평가를 해야 한다.
예의	예의는 다른 사람을 존중해야 하고 진심을 담아에 하는 것이다. 학생은 수업 안에서 F.T와 다른 학생을 존중하고 진심을 다해 행동을 하는가. 밴드 등 온라인 플랫폼에서 존중되고 진실이 우러나는가. 이런 질문을 이미 대면 비 대면 수업과 구글 클래스 룸, 밴드, 카카오톡 등에서의 태도를 종합에서 평가한다. F.T는 오프라인 미팅, 줌 수업, 구글 클래스 룸, 밴드, 카카오톡 등에서 학생들의 활동을 정성적, 정량적으로 관찰한 후 평가를 할 수 있어야 한다. 정량, 정성적 평가는 분명한 증거 자료를 갖고 주관적인 평가를 하는 것을 의미한다.
협력	공동체가 하는 일에 최선을 다해 임하는 것을 의미한다. 학생은 eBPSS 마이크로칼리지의 미션을 위해 최선을 다하고 있는 건가? 이 질문은 던져야 한다. F.T 는 학생이 자신의 과제가 아닌지 공동체의 성취에 기여하고 하는지 연밀히게 살핀다. F.T는 오프라인 미팅, 줌 수업, 구글 클래스 룸, 밴드, 카카오톡 등에 서의 활동을 정성적, 정량적으로 관찰한 후 평가를 할 수 있어야 한다. 정량, 정성적 평가는 분명한 증거자료를 갖고 주관적인 평가를 하는 것을 의미한다.

[증강학교 학생들의 성적표 기준]

(위 사진을 더 크게 보시고 싶으시다면 위 QR 코드를 스캔해주세요!)

　학생들은 이러한 자성지겸예협 성적표를 보며 객관적으로 자신의 자성지겸예협 발휘를 확인할 수 있게 됩니다. 자신에게 부족했던 점을 이렇게 객관적으로 다시 짚을 수 있게 되는 것이죠.

　저희는 eBPSS철학을 배운다면 필수적으로 지켜야 할 자성지겸예협을 실천하기 위해 노력하였고 일상생활을 하며 많은 변화를 느꼈습니다. 자성지겸예협을 향상하기 위해 했던 여러 실천 중 가장 인상 깊었던 실천 첫 번째는 바로 P-MOOC2입니다. 멘토님 또는 친구들에게 피드백을 받고자 할 때 자발적이고 성실하게 영상을 만들어 보내드렸습니다. 그리고 코멘트를 받았을 때는 예의를 지키며 감사를 표했고 P-MOOC2를 지속적으로 멘토님들께 보내드리며 저희의 P-MOOC2영상에 시간을 양보해 피드백해주신 멘토님들께 지속성을 보여드리며 예의를 지켰습니다.

김주혜 P-MOOC2는 멘토님이나 친구들에게 피드백을 받고자 한다면 자발적이고 성실하게 영상을 만들어 보내드려야 합니다. 보내드릴 때도 예의를 지켜 P-MOOC2 영상과 피드백을 부탁하는 글을 약소하게나마 써야 합니다. 그러다 보니 P-MOOC2를 배우며 자발성과 성실성, 지속성이 성장할 수밖에 없었습니다. 또한, MOOC 플랫폼에서 계속해서 강좌를 들으며 P-MOOC2 영상을 만들다 보니 지속적으로 무언가를 하는 힘 또한 함께 성장했습니다.

증강학교에 다니면서 자성지겸예협을 발휘할 수 있게 해주었던 학습, 두 번째는 멜랑콜리커 음악 수업입니다. 이를 통해 자성지겸예협을 많이 배우고, 실천했습니다. 아무래도 음악이라는 분야 자체가 저희의 관심사 중 하나이다 보니 더욱 자성지겸예협을 발휘할 수 있었던 것 같습니다. 자발적으로 작사, 작곡하고, 친구들과 협력하며 증강학교 교가에 대한 것을 나눴습니다. 약속한 데드라인에 맞춰서 과제를 제출하며 자성지겸예협을 실천하였습니다.

세 번째로는 수요일 지정의 학습 수업에서 하는 가족수학토론 학습입니다. 토론은 사유하고, 서로 질문을 하고, 격하게 나눔을 하는 활동이다 보니 의견을 자발적으로 내고, 예의를 지켜 서로 나누는 것이 바탕이 되어야 합니다. 그동안은 증강학교 안에서 토론과 토의를 할 때 이 부분이 제대로 이루어지지 않았습니다. 아무래도 또래 친구들과 함께 토론, 토의하다 보니 자성지겸예협이 평상시보다 살짝 낮아지고 어린아이의 모습이 드러났던 것 같습니다. 그러나 가족과 함께 토론하고, 토의하다 보니 예의를 잘 지켜 의견을 낼 수 있게 되었습니다. 이러한 가족토론 역시 한 번만 하고 끝낸다면 제대로 된 사유의 시간을 갖기 어렵습니다. 그래서 몇몇 가정의 경우 한 번에서 두 번 정도 지속적인 토론을 했습니다. 이렇게 토론을 하다 보니 지속적으로 논제를 가지고 사유하고 있는 저희 스스로의 모습을 발견했습니다.

김주혜, 손지우, 송하준   이렇게 지금은 자성지겸예협을 잘 발휘하는 것 같은 저희도 한때 위기가 있었습니다. 저희는 자성지겸예협 실천을 처음 할 때 솔직히 왜 이런 것을 해야 하는지 의문이 들었습니다. 그리고 자성지겸예협이 이해도 잘 안 되고 어렵게 느껴졌습니다. 앞으로 이를 실천해야 한다는 말이 너무나도 막막하게 느껴졌죠. 막막하게 느껴지니 자성지겸예협을 실천하기 싫었습니다. 귀찮고 무기력했습니다. 하지만 자성지겸예협을 계속해서 알아가며 저희의 일상에서도 자성지겸예협이 점차 보이기 시작했습니다. 저희는 자성지겸예협이 마냥 어려운 것, 학습이 아니라는 것을 발견했습니다. 그저 순수하게 사람을 대하고, 사람과의 관계에서 "나"다움을 지키면서도 타인을 위해 이타적으로 나서다 볼 때 결국 필요하고, 발휘되는 것이라는 것을 찾아냈습니다. 이것을 발견했을 때 정말 가슴이 두근거렸던 것 같습니다. 성장하지 않고 그저 그대로인 줄만 알았던 저희 스스로가 성장하고 발전해나가고 있음을 느끼게 되니 하늘을 날 듯이 기뻤습니다.

독자인 여러분이 이렇게 저희 이야기에 귀를 기울여 경청해주며 여기까지 성심성의껏 읽어주셔서 필자의 입장으로는 참 행복합니다. 저희는 이전까지 점수에, 경쟁에, 등급에 끌려다니느라 막상 인생에서 제일 중요한 '나'를 몰랐었습니다. 나를 찾을 시간이 없었던 것이죠. 그리고 저희는 이렇게 찾아낸 나를 제대로 표현하는 방법조차 몰라서 잘못된 방법으로 표현하곤 했었습니다. 그래서 요즘 세대의 문제가 발생했다고 생각합니다. '나'를 알지 못하기에 내 감정, 욕구 등을 몰랐고 그렇기에 나의 꿈이 무엇인지, 내가 어디로 가야 하는지, 왜 이것을 하는지 갈피를 잡지 못했습니다. 그리고 제대로 '나'를 분출하는, 표현하는 방법 또한 점수, 경쟁, 등급에 지쳐 제대로 하지 못했습니다. 이는 끊임없는 무력감으로 이어졌고 우울, 자책, 심지어 극단적 선택까지 가게 되었을 겁니다.

저희가 만약 증강학교에 다니지 않았다면 방금 설명해 드린 것과 같이 점수, 경쟁, 등급에 휩쓸리느라 시간이 없었을 겁니다. 나에 대해 몰라 방황했을 것이고, 겨우겨우 나를 찾아냈다고 해도 이를 제대로 분출하는(표현하는) 법을 몰라 우울감에 사로잡혀 있었을 겁니다. 그러나 증강학교에 다니다 보니 저희는 점수, 경쟁, 등급보다 더 중요하고 앞으로의 N차 산업혁명에서 필요한 것으로 스스로를 되돌아보고, 깨달을 수 있게 되었습니다. 그리고 이렇게 얻은 시간과 깨달음으로 나를 찾고, 발견할 수 있게 되었습니다. 이렇게 발견한 나를 저희는 P-MOOC2, PBL, 미래저널, 지정의, 독서 등으로 나를 표현하고(분출하고) 있습니다. 옳고 선한 방법으로요. 그리고 이렇게 단지 머리에서만 머무는 것이 아니라 실천까지 이룰 수 있게 되었습니다. 인간다움을 위한, 온전함을 위한 실천을 할 수 있게 된 것이죠.

여기까지 읽으시며 증강학교 친구들의 학교생활에 궁금한 점이 생기셨나요? 궁금한 것에 대한 설명을 듣고 싶으시다면 다음 3장을 집중해서 읽어주시면 좋을 것 같습니다. 감사합니다.

3 장.

증강학교에서는
어떻게 공부하는가

1. 증강학교의 형태
2. 증강학교의 미션과 비전, 피라미드
3. 증강학교의 다양한 교과 과목들
4. 혼자가 아닌 함께하는 프로젝트 교육들
5. 멜랑콜리커와 앙트레프레너

01
증강학교의 형태

증강학교는 온, 오프라인 하이브리드 학교입니다. 흔히 말하는 하버드보다 들어가기 어려운 미네르바 스쿨과도 같은데, 학생과 교수가 모니터를 통해 수업하고 듣고 있는 모습을 볼 수 있습니다. 증강학교도 마찬가지입니다. 증강학교는 월~금요일까지 비대면 온라인 플랫폼인 ZOOM, 즉 온라인을 통해 수업합니다.

'어! 온라인으로 수업하면 학생들이 직접 선생님과 대면하지 않으니 예의가 없고, 쉽기만 하겠네.'라고 생각하실 수도 있으실 텐데요. 우리 증강학교 학생들은 증강학교 수업을 할 때 이 규칙들을 지키고 수업에 참여할 것을 다짐했습니다. 이러한 우리 증강학교 규칙들을 보여드리겠습니다.

화면(비디오)은 반드시 키고 수업에 참여한다.
화장실, 물 등등은 되도록 쉬는 시간에 해결한다.
급할 상황일 때는 채팅을 이용해 예의있게 상황을 설명하고
화면을 끈다. (비디오)
선생님(FT)의 말을 경청하고, 온라인 에티켓(예의)를 지킨다.

저희는 다른 학교처럼 매일 아침에 일어납니다. 그리고 학교에 가지 않고 ZOOM으로 들어갑니다. 일반적인 공교육과 같으나 저희는 아침 일찍부터 1교시에 들어가는 것이 아니라 제일 먼저 체를 합니다. 그리고 학생들이 하고 싶은 동아리를 만들어 동아리 계획서를 작성하고 주체적으로 동아리를 이끌어갑니다. 그리고 수업 시간에도 FT만 말하는 것이 아닌 학생들 또한 자발적으로 수업에 참여합니다. 아직 기술적인 문제로 인해 온라인에서 어려운 것은 오프라인으로 만나 해결합니다.

아래 사진은 온라인으로 음악을 연습하고, 악기 공유가 어렵다고 판단해서 오프라인으로 만나 음악 활동을 한 증강학교 친구들의 사진입니다.

02
증강학교의 미션과 비전, 피라미드

증강학교는 eBPSS의 철학이 바탕이 됩니다. eBPSS란, 빅픽처Big Picture 큰 그림, 서번트 리더십Servant Leadership, 아홉 번째 지능 Spiritual Intelligence입니다. "앞에 e를 붙인 이유는 BPSS는 다른 분야의 특허 상품이기에 거꾸로미디어연구소가 eBPSS로 교육상품 등록을 했기 때문입니다. e는 electronic전자와 elaborate정교한의 앞글자라고 BPSS를 개발한 박병기 소장은 말씀하셨습니다."[9]

증강학교는 정확한 미션과 비전을 가지고 운영되고 있습니다. 그럼 지금부터는 증강학교의 미션과 비전, 그리고 증강학교 학생들이 새 시대의 서퍼가 되어가기 위하여 어떠한 과정을 거쳐 가는지 피라미드를 통해서 말하도록 하겠습니다.

우선 증강학교의 미션과 비전에 대해 먼저 알아보도록 하겠습니다. 증강학교의 미션과 비전은 아래 사진처럼 다섯 가지로 나뉘어 있습니다. 이 다섯 가지의 미션과 비전을 세 가지로 정리하여

9   (지정의 학습의 미래교육과정 개발 및 효과, 김미영, 2022)

이야기해드리겠습니다.

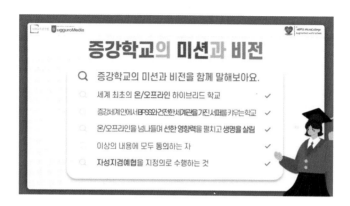

첫 번째, 증강학교는 세계 최초의 온/오프라인 하이브리드 학교입니다. 증강학교는 주로 온라인 화상 회의 플랫폼을 통해 학교에 다니고 있습니다. 또한, 네이버 밴드, 카카오톡, 메타버스 등에서 수업을 하기도 합니다. 때로는 오프라인에서 학생과 FT선생님이 만나 학습하는 오프라인 수업을 하기도 합니다. 증강학교는 이렇게 세계 최초의 온/오프라인 하이브리드 학교입니다.

두 번째, 증강학교는 증강 세계 안에서 eBPSS와 건전한 세계관을 가진 서퍼를(리더를) 키우는 학교입니다. 온/오프라인을 넘나들며 선한 영향력을 펼치며 생명을 살리는 학교입니다. 또 이상의 내용에 모두 동의하기에 증강학교를 다닙니다.

세 번째, 증강학교는 자성지겸예협을 지·정·의知情意로 수행하는 학교입니다. 인간다움인 자성지겸예협을 지·정·의로 수행하며 깨닫고 느끼고 실천하고 있습니다.

증강학교의 미션과 비전에 이어 증강학교의 피라미드를 말해드리고자 합니다. 증강학교의 피라미드는 증강학교의 기초이고, 이 피라미드는 새 시대의 서퍼가 되어가는 우리 증강학교 학생들의 과정을 담은 일종의 로드맵이라고 할 수 있습니다.

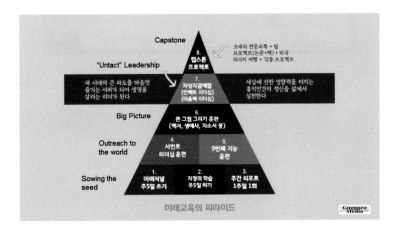

피라미드의 제일 기초 부분부터 함께 보도록 하겠습니다.

미래저널 주 5일 쓰기: 미래교육의 피라미드에는 '주 5회 미래저널을 쓰기'라고 되어있지만, 증강학교에서 증강학교 학생들은 매일매일 미래저널을 작성합니다(미래저널은 아래에서 자세히 설명해 드리도록 하겠습니다). 그리고 단순히 미래저널을 작성하기만 할 뿐이 아니라 미래저널을 찍어서 네이버 밴드에서 공유하며 함께 소통하고 공감합니다.

지정의 학습 주 5일 하기: 지정의 학습은 지: 알게 된 것, 정: 느낀 것, 의: 실천할 것을 쓰고 실천하는 학습입니다. 주 5회의 지정의 학습을 통해 기초를 쌓아가고, 한쪽으로 치우쳐져 구겨졌던 우리의 지정의를 지정의 학습을 통해 조금씩 펴나갑니다. 마치 구겨진 종이를 다시 펴는 것처럼요. 완벽하게 새 종이처럼 만들기는 불가능합니다. 하지만 완벽하지 않아도, 어느 정도 우리의 구겨진 지정의를 회복할 수 있습니다. 이 과정이 그리 쉽지만은 않을 것입니다. 그래도 이렇게 주 5일간 꾸준히 한다면 우리는 지정의를 회복할 수 있습니다.

주간 리포트 1주일 1회: '미래저널'을 한 주 동안 썼다면 일주일에 한 번씩 주간 리포트를 찍게 됩니다. 주간 리포트는 한 주를 돌아보고 한 주간의 미래저널을 다른 사람들과 함께 나누는 영상입니다. 이번 주를 돌아보고 다음 주에 더 실천할 것을 계획하고 다짐합니다. 또 내가 이번 주에 쓴 저널의 내용을 돌아보며 나누고 싶은 내용도 함께 나누게 됩니다.

서번트 리더십 훈련: 서번트 리더는 증강학교에서 양성하는 서퍼의 모습으로 10가시 득징을 가지고 있으며, 그 10가지가 자성지검예협과 더불어 증강학교 학생들이 배우고 실천해야 할 기본 규칙이 됩니다. 경청, 공감, 치유, 인식, 설득, 개념화, 미래보기, 이웃의 성장에 헌신, 공동체 세우기, 청지기 정신. 자세한 내용은 4장에서 설명. 이 서번트 리더는 새 시대의 리더로 그 전 시대의 카리스마 넘치고 명령하고 호령하는 리더상과 정반대가 되는 리더입니다.

아홉 번째 지능 훈련: 아홉 번째 지능은 실존지능, 영성 실존 지능으로 불리기도 하는데요, 아홉 번째 지능은 답이 없는 질문에 대해 끊임없이 고민하는 지능입니다. 실존적이고 초월적인 '나는 누구인가?', '왜 사는가?' 등의 질문을 던지는 지능인 것이죠. 하워드 가드너의 다중지능 이론의 8가지 지능 후로 나왔기 때문에 아홉 번째 지능이라는 이름을 가지고 있습니다. 이 다중 지능 중 나의 특화된 장점인 강점지능과 아홉 번째 지능이 만나면 엄청난 시너지를 얻게 되고 자신의 능력을 몇 배로 더 활성화할 수 있습니다. 그냥 노래를 잘 부르는 사람의 노래보다 내가 왜 노래를 부르고, 나는 노래하는 사람으로서 어떤 미션을 가지고 노래를 부르는지 아는 사람들이 노래를 더 잘 부르는 것처럼 말이죠.

9번째 지능에 대한 더 자세한 내용은
이 QR 코드를 스캔해서 참고해주세요!

큰 그림 그리기 훈련: 큰 그림을 그리는 것은 앞을 내다보는 선견지명을 가지라는 뜻과 같습니다. 큰 그림은 어떤 그림이나 사진의 액자와도 같은 것입니다. 이 액자가 만들어지는 데에는 '가치'가 필요하고, 가치를 통해 가치관을 형성할 수 있습니다. 큰 그림을 가지게 된다면 어떤 문제나 상황이 닥쳤을 때, 잘 해결해 나갈 수 있으며 다른 사람에게 도움을 줄 수도 있게 되는 것이죠.

자성지겸예협: 자성지겸예협은 증강학교 학생들이 기본적으로 갖춰야 하는 덕목입니다. 이 자성지겸예협은 2장에서 설명했듯이 나를 찾게 해주는 실천 중 하나입니다. 또한, 무언가를 할 때 자성지겸예협을 가지고 그것을 대해야 제대로 해결할 수 있습니다. 자성지겸예협은 자발성, 성실성, 지속성, 겸손, 예의, 협력을 뜻하는데 이것은 모든 것의 기본이기 때문입니다. 인간관계에서든지, 나의 꿈을 좇을 때라던지 이 자성지겸예협을 필요로 합니다.

이렇게 증강학교는 피라미드의 단계를 하나씩 밟아감으로 인해 제대로 eBPSS의 빅픽처를 이해하고, 이렇게 이해한 eBPSS의 빅픽처를 자신의 삶 속에 실천해나갈 수 있는 앙트레프레너를 키웁니다.

03
증강학교의 다양한 교과 과목들
3-1. 증강학교의 교과서, 미래저널

여러분은 앞에 2장이나 저희가 설명드린 피라미드 내용으로 인해 '미래저널'이라고 하면 '미래에 쓰는 저널인가', '아님 미래를 위해 쓰는 저널인가?'와 같은 생각이 드셨을 것 같습니다. 미래저널은 4차 산업혁명이라는 거대한 파도 속에서 나만이 아닌 다른 사람의 생명까지도 살리는 '미래교육의 마스터키'인 것입니다. 증강학교에서 미래저널은 피라미드의 맨 아래 기초 중의 기초로써 미래저널을 쓰지 않는다면, 증강학교의 교육이 진행될 수 없습니다. 새시대의 서퍼에게 이것은 서핑 보드와도 같은 것이죠. 미래저널은 총 7개의 질문으로 이루어져 있습니다. 각각 질문에 대해 알아보겠습니다.

1. 사람, 동물, 식물, 미생물, 자연, 현상에 대한 감사거리를 3가지 적어보세요.
2. 나는 누구인가요? (나는 '김철수'입니다. 나는 학생입니다. 그런 것 말고요…)
3. 세상에 선한 영향력을 미친 한 사람을 선정해봐요.

4. 오늘 친구나 가족과 함께 시간 가는 줄 모르는 놀이를 했으면 그것을 적어보세요.

5. 왜 공부를 하는지, 왜 사는지, 왜 그 일을 하는지를 생각해본 적이 있으면 나름대로 얻어낸 답을 하나라고 적어보세요.

6. 오늘 화가 나는 일이 있었다면 가장 화난 일을 적어보세요.

7. 아래 내용 중에서 오늘 내가 노력해본 것이 있으면 왼쪽에 체크 표시를 하세요.

증강학교 학생들은 학부모님들과 매일 미래저널 쓰기를 합니다. 미래저널은 '사람, 환경, 동물, 식물, 미생물과 관련된 감사 3가지', '나는 누구인가', '선한 영향력', '놀이', '왜 사는지, 왜 공부하는지, 왜 그 일을 하는지', '화', '서번트 리더십 체크리스트'로 구성되어 있습니다. 이 항목들의 대답하고 작성하는 것은 10분~20분 정도 시간이 걸립니다. 하지만 나만의 저널을 꾸미고, 정말 신문처럼 작성하는 것은 시간이 더 걸립니다. 저널을 쓴다는 것은 일기를 끄적이는 것뿐만이 아니라 나 자신을 찾아간다는 것에 도움을 줍니다. 또한, 미래저널은 나에게 아래 사진처럼 증강학교에서는 자신의 이름을 넣어 00일보라고 쓰기도 합니다. 미래저널은 미래저널 책에 작성할 수도 있지만, 김주혜 학생처럼 자신이 만들고, 그림을 그리며 자유롭게 쓸 수도 있습니다.

저희는 증강학교에 처음 들어왔을 때, 첫 수업으로 '미래저널'에 대해 들었습니다. 증강학교의 다니기 전에도 eBPSS에서 하는 여러 과목을 듣고 있었기에 미래저널의 중요성을 머리로는 알고 있었지만, 확실히 깨닫지는 못했습니다. 그랬기에 저희는 미래저널을 왜 작성해야 하는지도 몰랐고 미래저널을 부모님이 시키거나, 누군가가 시켜서 하는 귀찮은 과제라고만 생각했습니다. 하지만 증강학교를 만나 저희의 미래저널은 점점 변화하고 발전하기 시작했습니다. 증강학교를 통해서 뇌로만 생각하고 알고만 있었던 미래저널의 중요성을 진심으로 깨닫게 되었습니다. 저희 과거의 미래저널과 현재의 미래저널을 살펴보며 저희의 변화를 알아보겠습니다.

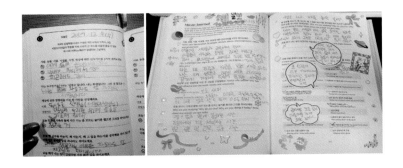

위에 있는 첫 번째 사진은 김주혜 양의 처음 쓴 미래저널 사진이고 두 번째 사진은 김주혜 양의 현재 미래저널 사진입니다. 첫번째 미래저널을 보면 상당히 간단한, 1차원적인 생각임을 발견하실 수 있습니다. 어렸고, 미래저널이라는 것을 처음 접했기에 이 정도의 수준인 것은 당연합니다. 처음 쓰는 미래저널에서 저희는 자신의 하루를 마치 일기처럼 미래저널 안에 집어넣고자 했습니다. 그러다 보니 매일매일이 비슷한 미래저널이었고, 나만의 무언가가 없었기에 다른 친구들의 미래저널에도 댓글을 달아주기가 살짝 어려웠던 것 같습니다. (과거의 미래저널과 현재의 미래저널을 비교해 본다면 이때 당시의(과거의) 나는 깊은 사유와 통찰을 통하여 얻은 내면의 나를 담는 것보다 외적으로 보이는 외면의 나를 찾고 있었다는 것을 저희의 미래저널을 통하여 알 수 있습니다. 지금 보면 깊은 내용은 아니나 이때 당시의 어린 저희는 이를 '깊은 이야기'라 생각했었을 겁니다.) 하지만, 지속해서 미래저널을 작성하고 함께 나누며 저희의 미래저널은 점점 변했습니다. 그러다 보니 이제는 OO일보의 형식인 자신만의 관심 분야를 중심으로 각자의 개성이 담긴 미래저널을 작성하고 있습니다. OO일보 형식으로 미래저널을 작성하면 항상 똑같고 지루하게 느껴졌던 미래저널을 몰입하여 작성할 수 있게 됩니다. 그렇게 미래저널은 저희에게 시간 가는 줄 모르는 놀이가 되었습니다.

저희는 이렇게 미래저널을 작성하며, 첫 번째 요일, 즉 월요일에 배움으로써 한 주의 기틀을 다시 한번 만들어 놓았습니다. 미래저널을 어떤 식으로 쓰는 것인지 배워도 다시 잊어버리기 일쑤라서, 저희는 미래저널을 습관화할 수밖에 없었습니다. 아마 미래저널을 처음 쓰는 분이라면 누구나 자신의 미래저널이 왜 깊어지지 않고 제자리걸음인지 의문이 드실 겁니다. 저희도 그랬으니까요. 저희는 이런 과정 때문에 약간의 미래저널 슬럼프도 겪었습니다. 저희의 경우 이 슬럼프를 미래저널 수업으로 이겨낼 수 있었습니다. 그리고 저희는 미래저널 수업에서 이렇게 작성한 저희의 미래저널을 다른 친구들과 나누기도 하며 서로 공감하고 치유하는 시간을 매주 가졌습니다.

(미래저널 각 항목에 대해, 이 책에 넣고 싶으나 너무 길어질 것 같기에 QR로 대체하겠습니다. 미래저널에 대해 더 알고 싶으시다면, 저희가 약간 설명한 내용이 아직 부족하시다면 QR을 찍고 블로그에 방문해 읽어주세요! 만약 블로그 글로도 만족되지 않으신다면 'AI 시대에 꼭 필요한 미래저널과 미래리딩'책을 사서 한번 읽어보시고, 써보시는 것을 추천합니다.)

[AI시대에 꼭 필요한 미래저널과 미래리딩 책 정보 QR]

증강학교의 다양한 교과 과목들
3-2. 혼자가 아닌 함께하는 프로젝트 교육

증강학교에서는 여러 협력 프로젝트를 하고 있습니다. 매학기마다 계속해서 바뀌는 협력 프로젝트로 인해 저희 증강학생들은 매학기가 적응의 연속입니다. 저희가 지금 대표적인 협력 프로젝트로 설명하고자 하는 PBL도 점점 변화하고, 난도가 높아지고 있으니 말입니다.

PBL 프로젝트는 혼자가 아닌 함께 하는 프로젝트입니다. 다른 사람과 함께함으로써 조금 더 나은 결과물을 만들 수 있습니다. 혼자만 의견을 내는 것이 아니라 다른 사람과 소통하고 이야기하면서 더 나은 의견을 찾아가고 더 많은 자료를 찾아서 보며, 더 좋은 의견을 만들어낼 수 있습니다.

그럼 저희가 직접 했던 'PBL 프로젝트'에 대해 나눠보겠습니다.

1. 조원 역할 및 수정해야 할 사항

먼저 역할 분담입니다. 증강학교 시즌 1 '비빔밥 조'에서 역할은 나눈 모습입니다. 리더, 제작자, 관리자, 기록자, 정보원으로 역할을 나누게 되었습니다.

이름	역할	수행 사항
김호겸	리더	조원들을 이끌며 프로젝트 함께 진행
문정현	제작자	발표할 내용을 정리하고 PPT제작
송하준	관리자	팀 안의 분위기를 잡고 리더를 도와 프로젝트 진행
정희원	기록자	회의 내용 기록, 정리
김가은	정보원	프로젝트 자료 조사

• 관점서술문 작성하기

서번트 리더가 되어 선한 영향력을 미치기 위해서는 시간 관리가 중요하므로 시간을 관리할 수 있는 방법이 필요하다.

위의 예는 '비빔밥 조'에서 직접 작성한 것으로 최종 주제를 한 문장으로 정리한 관점 서술문입니다.

먼저 큰 목표를 작은 목표로 나누는 방법을 사용했습니다.

S-지정의 학습을 1시에 시작해 5시까지 끝내겠다.

M-지정의 학습을 끝내고 댓글을 2개 이상 달겠다.

A-책 읽는 시간, 녹음, 지정의 쓰는 시간을 나누어 실행하겠다.

R-위의 목표를 실천한 날에는 달력에 표시하겠다.

T-지정의를 끝내고 채팅창에 완료 표시와 출석 체크를 하겠다.

매몰 비용 버리기 방법을 이용한 목표입니다.

과제, 지정의, 미래저널을 쓸 때 내용이 제대로 되지 않는 방향으로 간 다면 미련없이 처음부터 시작하겠다.

나쁜 습관을 버리고 좋은 습관으로 바꿔 시간을 쓰는 목표입니다.

과제를 할 때 책상이 더러워지는 습관이 있는데, 먼저 치우고 시작하기, 늦게 자는 습관을 버리고 일찍 자서 수업에 늦지 않기.

다음은 마찬가지로 증강학교 '비빔밥'조의 진행 과정입니다. PBL 프로젝트를 하며 저희들은(학생) 협동하는 방법을 배우고 성장할 수 있었습니다. 또 문제(주제)를 세우고 그에 대해 나누며 문제해결 능력도 함께 기를 수 있었습니다. PBL 프로젝트는 이렇게 진행되어갑니다.

저희는 PBL 프로젝트를 통해서 협력의 힘을 경험했습니다. 시즌 2부터 시작한 PBL 프로젝트를 하면서 시즌 1에는 없었던 조별 활동이 시작되었습니다. 또 이 시즌, 새로운 친구들도 들어오면서

한 시즌을 같이 하며 어느 정도 친해진 사람들이 아닌 모르는 친구들과도 함께 조를 엮어 진행하였습니다. 이렇게 진행하다 보니 처음에는 서로서로 어색해서 소통 자체도 잘되지 않았습니다. 하지만 조별 활동이라 보니 소통이 가장 중요했기에 계속해서 소통하려고 노력했습니다. 이런 과정들을 통해서 시즌이 중후반 즈음부터 서로서로 소통이 잘 되었고 자신만의 의견들을 꺼내놓을 수 있었습니다.

발표를 준비하면서도 그 안에서 핵심을 담으려 노력하게 되었고 협력이 잘되지 않아 중간중간 자꾸 끊겼던 발표도 매끄럽게 이어질 수 있었습니다. 또한. 나만의 생각을 주장하는 것이 아닌 함께 서로의 생각을 존중하면서 진행할 수 있었습니다. 당장은 사이가 안 좋아 싸우고 싶어도 다른 친구들을 위해 배려하면서 나의 감정을 컨트롤 할 수 있었습니다. 이 PBL이라는 학습법 하나를 통해서 협력을 몰랐던 저희는 협력하게 되고 경청을 몰랐던 저희는 경청하게 되고 자신의 감정을 조절 할 수 있었습니다.

PBL 프로젝트에 대해 더 알고 싶으신 분들은 아래 QR 코드를 스캔주세요!

03
증강학교의 다양한 교과 과목들
3-3. 증강학교의 과목들

증강학교에서는 월~금까지 5개의 수업을 듣습니다. 각 수업들에는 FT님선생님이 계시지만, FT님께 가르침을 받기만 하지는 않습니다. 도리어 학생들이 직접 연구한 내용을 모든 분께 발표하는 것이 대부분입니다.

월요일 영어 수업Vese FT

'내 인생 노답일 때, 펼칠 책'의 저자이신 박병기 교수님께서는 "United we stand"라는 말을 남기셨습니다. 글로벌 시민들이 연합하여 함께 서야 한다는 뜻입니다. 여기서 "United we stand"를 실천하기 위해서는 다른 사람들을 공감해주고 치유해주며, 원활한 소통이 이루어져야 합니다. 증강학교 학생들은 영어 수업을 통해 오로지 문법과 발음만이 아닌 그 사람을 이해하고, 공감하는 법을 배웠습니다. 또 한국의 역사의 일부분인 독립선언문을 낭독하며 "내가 태어난 나라", "나에게 미션을 준 나라"를 기억하며, 자신의 정체성을 명확히 할 수 있었습니다.

다음은, 증강학교 학생 송하준 군이 영어 수업을 통해 느끼고, 변화한 점입니다.

송하준 처음엔 영어로 독립선언문을 외우는 것이 너무나도 어려웠습니다. 하지만 독립선언문의 의미와 뜻을 스스로 고민하며 외우다 보니 외우는 것이 더욱 즐거워졌고, 시간 가는 줄 모르는 놀이가 된 것 같습니다. 또 독립선언문을 매일 연습하다 보니, 일반 학교에서 시험을 보기 위해 배웠던 영어가 두렵지도 않고, 계속 도전해보고 싶다는 마음이 들었습니다.

다음은, 증강학교 학생 김수겸 군이 영어 수업을 통해 느끼고, 변화한 점입니다.

김수겸 영어 수업을 하고 나서 내가 누구인지 조금씩 알게 되었다. 그리고 나는 시작하기까지는 정말 힘들지만, 막상 하면 잘 노력하는 사람이라고 생각했습니다. 그리고 영어 외우기를 통해서 성취감을 느끼게 되었습니다. 그리고 영어를 통해 영어를 향상해 영어로 많은 사람에게 세상의 선한 영향력을 끼치기 위해서 배우고 있습니다.

저희는 시즌3부터 월요일 영어 수업에서는 '영어 독립선언문' 활동을 진행해왔습니다. 영어 독립선언문은 영어로 번역된 대한민국의 독립선언문을 암기하는 활동입니다. 여기서 말하는 암기는 그냥 뇌로 외우는 것이 아닌 마음에 새기는 것을 뜻합니다. 처음에 저희가 독립선언문을 외울 때 한국어로 암기하기도 어렵고 힘든데 제 기준에서는 외계어와 마찬가지인 영어로 암기를 하라고 해

크게 당황하고 혼란스러워했던 기억이 있습니다. 독립선언문을 암기하는 활동을 하는 이유를 이해하지 못했고 중요성도 알지 못했습니다. 하지만 지속적으로 독립선언문을 읽고 외우며 우리나라의 독립을 선포한다는 의미가 있는 선언문을 증강학교에서 외운다는 것에 자부심을 느끼게 되었습니다.

"말 잘하는 앵무새와 인간의 다른 점은 인간의 언어에는 지정의가 있고 앵무새의 언어에는 소리만 있다는 것입니다. 인간의 언어에는 자발성, 성실함, 지속성, 겸손함, 예절, 협동심이 들어갈 수 있습니다. 인간의 언어에는 서번트 리더십과 9번째 지능이 들어갈 수 있습니다."

이처럼 머리에 지식을 주입하여 암기한 대로 말하는 앵무새가 아닌 가슴에 새기며 낭독하는 암기를 하는 사람이 되어야 합니다. 과거의 역사를 기억하고 지키며, 대한민국의 국민인 저희의 정체성을 알아갈 수 있게 됩니다.

[독립선언문에 대한 QR]

화요일 P-MOOC2

먼저 MOOC란, Massive Open Online Course의 줄임말로 오픈형 온라인 학습 과정을 뜻합니다. P-MOOC2는 자신이 관심이 있는 분야를 연구하고 소개하는 것입니다.

P-MOOC는 P-MOOC1, P-MOOC2, P-MOOC3 등이 있습니다. 그러나 저희는 현재 P-MOOC1, P-MOOC2까지 배웠기에 배운 곳까지 말해드리겠습니다. 우선은 강의를 듣기 시작함에 앞서 강의계획서를 작성합니다. 강의계획서는 자신이 무슨 강의를 들을지, 이 강의의 종료일이 언제인지, 교수자는 누구이고 어디서 진행을 하는지 등등 주로 육하원칙에 맞춰 작성하게 됩니다. 이렇게 작성한 강의계획서를 FT님과 다른 친구들에게 공유하고 피드백을 받는다면 그에 따른 수정을 하게 됩니다. 이렇게 강의계획서가 통과되었다면 학생들은 이제 MOOC 강의를 들으며 P-MOOC를 하게 됩니다. P-MOOC1이 FT님이 정해주신 과목을 모두가 같이 듣고 무언가를 공동 프로젝트로 만드는 학습이라면 P-MOOC2의 경우 학생 한 명 한 명이 스스로 듣고 싶은 강의를 선택하고 P-MOOC2에 걸맞은 영상을 만드는 학습입니다. P-MOOC2는 자신이 강의한다는 느낌보다 MOOC를 소개하는 느낌이 강한 학습입니다. 이렇게 각자의 영상을 만들었다면 만든 영상을 멘토님과 증강학교 친구들, FT님께 공유해드리며 피드백을 받는 시간을 가집니다. 멘토님께는 메일이나 카카오톡을 활용해 영상을 보내드리는데 영상을 보낼 때 예의를 지켜 멘토님께 피드백을 부탁하는 글을 보내드립니다. 이렇게 받은 피드백을 강의계획서에 작성합니다.

그리고 P-MOOC2는 강의를 듣고 영상을 만드는 것 외에 하나가 더 있습니다. 바로 책 돌아보기입니다. 자신이 읽고 싶은 책, FT님이 선정해주신 책을 읽고 이에 따라 책 돌아보기를 작성하는 것입니다. 책 돌아보기를 작성한다면 책을 더 깊이 사유하고, 실천할 수 있게 됩니다. 책 돌아보기에서 저자소개, 책 내용 요약, 자신에게 도움이 된 것과 통찰, 앞으로 실천할 구체적인 것을 적습니다. 이렇게 적으며 책을 읽은 시간이 그저 하늘로 날린 것이 아니라 우리 삶에 직접 영향을 미칠 수 있게 합니다.

다음은, 증강학교 학생 김주혜 양이 P-MOOC 수업을 들으며 변화하고 느낀 것입니다.

김주혜 P-MOOC2를 하며 자성지겸예협이 성장했습니다. P-MOOC2 영상을 만들기 위해서는 MOOC강의를 지속적으로 듣고 내용을 정리하고 있어야 합니다. 그리고 이렇게 자발적으로 만든 P-MOOC2 영상을 멘토님들께 자신이 보내드리기로 한 요일 전까지 지속적으로 예의를 지켜 보내드려야 합니다. 이 외에도 P-MOOC2 안에서는 자성지겸예협을 성장시키는 여러 요소가 숨어 있습니다.

먼저 저는 사고력이 확장됨을 느끼게 되었습니다. 그리고 저는 최선이라는 단어의 뜻을 알게 되었습니다. 이 P-MOOC2는 내 영상을 멘토님께 보내고 피드백을 받아야 합니다. 따라서 정말 최선을 다해서 하지 않으면 나에게도 아무런 도움이 되지 못할뿐더러 내 멘토님과의 약속도 어기게 되는 것이기 때문에 최선을 다해서 하게 됩니다.

그리고 저희는 프로젝트&로블록스라는 수업도 새로운 시즌에 들었었습니다. 프로젝트의 경우 계획서라 이해하시면 쉬울 듯합니다. 그리고 로블록스는 말 그대로 로블록스 스튜디오스로 무언가를 만드는, 그러한 작업을 뜻합니다.

  저희는 이렇게 '프로젝트&로블록스' 수업을 통해 엄청난 도움을 받았었는데 그중에서 두 가지만 설명하겠습니다. 첫 번째로는 게임의 소비자가 아니라 생산자의 역할을 할 수 있는 기회를 얻게 된 것입니다. 로블록스 안에서 이런저런 체험을 할 때 저희는 공통으로 이런 생각을 했습니다. '내가 이 게임을 만들었다면 어땠을까?'라는 생각이요. 이러한 생각을 이룰 수 있게 되었습니다. 조원들과 함께 게임을 만들 수 있게 된 것이죠. 함께 게임을 만들며 어떻게 해야 우리가 전하고자 하는 메시지가 제대로 게임이 녹아나고 있는지와 같은 것을 고민하며 생산자의 역할을 하게 되었습니다.

  저희는 예전에 게임을 할 때 '나도 이 게임을 개발하고 싶다'라는 갈망을 느끼곤 했습니다. 그런데 이렇게 원하던 바가 이루어지게 되다 보니 과제가 아닌, 놀이와 같은 느낌이 들기도 했습니다. 우리 증강학교 학생들이 만든 로블록스 게임이 궁금하시군요! 저희가 만든 작품은 '금요일'에서 확인하실 수 있습니다. 그러니 천천히 글을 읽으며 따라와 주세요.

  두 번째로는 무언가 프로젝트를 기획하는 능력을 얻게 되었습니다. 동아리 계획서, P-MOOC2 강의계획서 등등 이 모든 프로젝트를 함에 있어 제대로 계획서를 쓰는 것은 매우 중요합니다. 저희는 '프로젝트&로블록스' 수업을 통해 이 두 가지의 엄청난 성장을 이뤘습니다.

그리고 이 프로젝트&로블록스 수업으로 인해 계획서를 쓰는 방식에 있어 엄청난 성장이 있었는데 그 성장의 혜택을 받은 것 중 P-MOOC2라는 것에 관해 설명해드리고자 합니다. P-MOOC2는 각자가 듣고 싶은 과목을 선택해 듣고, 그 강의를 소개하는, 즉 MOOC를 소개하는 느낌이 강한 학습법입니다. 이 학습은 거꾸로 미디어 연구소가 특허출원 했는데요. 이 P-MOOC2 강의를 시삭하기 위해서는 강의계획서를 안료해야 합니다. 저희는 이렇게 강의계획서를 쓸 때 프로젝트&로블록스 수업에서의 배움을 활용했습니다. 그리고 혼자 쓰다 보면 막막하고 막히는 듯한 느낌이 너무 강했습니다. 그래서 저희는 2~3명 정도의 친구들이 모여 각자 어떤 식으로 해야 하는지에 대해 나누고, 자신은 어떤 식으로 했는지 설명하며 같이 강의계획서를 작성했었습니다. 이렇게 같이, 수다 떨듯이 이야기하다 보니 과제를 하지만, 알 수 없는 즐거움과 행복이 존재했습니다.

수요일 지정의 학습 창의 수학&칸 수학

지정의 학습 수업의 기초는 칸아카데미라는 온라인 교육 플랫폼(수학교육)에서 강의를 듣고 매일 지정의를 쓰는 것입니다. 또 매주 가족토론을 하게 되는데, 일반 학교에서는 "숙제해!"라고 말씀하셨던 부모님들께서 직접 토론에 참여하시고, 의견을 내십니다. 이 의견들을 정리하고, 이를 바탕으로 지정의를 씁니다. 우리는 책이나 영상을 보면, 어떤 것을 알게 되고 감정을 느낍니다. 증강학교 학생들은 앎과 느낌에서 멈추지 않습니다. 실천까지 하는 것이죠. 지정의 학습 수업을 통해 실생활에서 선한 영향력을 미치게 됩니다.

다음은, 증강학교 학생 김수겸 군이 창의 수학과 지정의 수업을 들으며 변화하고 느낀 것입니다.

김수겸 수학을 통해서 저는 수학의 틀을 조금씩 깨졌습니다. 처음에는 수학이 어렵고 따분했지만, 점차 시간이 지나면서 지루했던 수학에 대한 틀이 깨지고 수학을 통해 세상의 선한 영향력을 미쳐야 한다는 다짐을 하게 되었습니다. 저는 수학을 통해 인류 발전에 공헌하고 미래시대의 선구자가 되기 위해서 저는 이 수업을 배웠습니다.

또한, 저희는 '수학, 철학에 미치다'라는 책을 통해, 토론했습니다. 토론은 2가지 방법을 이용했었는데요, 바로 가족토론과 랜덤토론이었습니다. 가족토론은 이 책을 읽고 온 가족이 함께 나눈 내용을 알게된 점, 느낀 점, 실천할 점으로 정리하는 토론입니다. 하워드 가드너의 9번째 지능 중 하나인 관계 지능을 높일 수 있습니다.

그리고 저희는 이렇게 '수학, 철학에 미치다' 가족토론에서 아주 특별한 경험을 했었습니다. FT님의 사랑이 담긴 치킨을 먹으며 가족 토론을 한 것이죠. FT님께서 사랑을 담아서 보내주신 치킨을 먹으며 더욱 힘내 즐거운 가족토론을 할 수 있었습니다.

가족토론은 원래도 매우 즐거웠지만 중간에서 도와준 FT님의 사랑 공세 덕분에 더더욱 즐거운 가족 토론이 되었습니다.

[책 "수학, 철학에 미치다"]

그리고 랜덤 토론은 랜덤으로 짜여진 소회의실에 들어가 각자 자신의 생각을 나누고 마찬가지로 알게 된 점, 느낀 점, 실천할 점으로 정리하여 함께 소통하는 것입니다. 친하지 않았던 친구와도 함께 토론하며 관계 지능도 높이고 협력도 할 수 있었습니다. 처음에는 이런 랜덤 토론을 할 때 적잖이 당황했지만 그래도 이전에 여러 번 해봤던 경험과 그동안의 증강학교 학교생활에서 겪었던 수많은 변화 덕분에 언제 그랬냐는 듯 순식간에 다시 적응해 결과물을 낼 수 있었습니다. 이전에도 꽤 시행착오가 많았지만, 그 과정들을 딛고 성장해 지금의 증강학교 학생이 될 수 있었던 것 같습니다.

그리고 증강학교 학생들은 가족 토론을 하게 되면서 부모님과 평소에 하지 못했던 이야기를 할 수 있었고, 가족과 함께 한다는 것을 통해서 정말 소중한 추억을 쌓을 수 있어 이것이 가족토론의 큰 장점이라고 생각을 하게 되었습니다. 그리고 내 생각만이 아닌 가족들의 생각을 들어보게 되면서 조금 더 넓은 사고와 생각의 확장을 할 수 있어서 좋았고, 서번트 리더십의 특성인 경청과 의사소통 능력을 얻을 수 있어서 감사했습니다.

시즌 3 때, 증강학교 전체 학생들은 코세라에서 진행되는 학습과 뇌에 대한 한 분야의 강의Learning how to learn를 전체 증강학교 학생들이 들었습니다. 이 강의는 '어떻게 하면 효율적으로 학습을 할 수 있을까?'와 '뇌를 통해 효율적인 학습법을 만들 수 있을까?'라는 질문을 끊임없이 던지게 했습니다. 증강학교 학생들은 매일 1시간 정도의 강의를 듣고, 알게 된 점과 느낀 점, 실천할 점을 정리했죠.

증강학교 시즌 5 때, 저희는 '세상을 바꾸는 시간 5분'을 오마주한 '생명을 살리는 시간 5분' 영상을 제작했습니다. 먼저 이 '생살시' 활동은 자신이 책 10권을 정하고 매주 한 권씩 읽는 것입니다. 증강학교의 학생이 10명이라고

[고구려 책을 통해 나누고 있는 양성규 학생]

[광개토대왕에 관한 책, 영상을 보고 생명을 살리는 시간 5분을 진행 중인 김주혜 학생]

했을 때 생살시를 통해 공유함으로써 일주일에 10권도 읽을 수 있는 것입니다. 생명을 살리는 시간 5분을 작성할 때 들어가야 할 내용은 책 소개, 이 책을 소개한 이유, 책의 내용, 배운 점, 느끼고, 실천할 점입니다.

저희는 이 '생명을 살리는 시간 5분'을 진행하면서 영상 제작의 즐거움에 눈을 떴습니다. 미디어 리터러시를 활용해 저희가 생각하면, 생각하는 대로 무언가 결과물을 낼 수 있었습니다. 그리고 그동안 증강학교 생활을 하며 어느 정도 변화에 익숙해지다 보니 조금씩 조금씩 생명을 살리는 시간 5분을 즐겁게 진행할 수 있었습니다.

그리고 저희는 단순히 영상을 만들어서 FT님께 확인을 부탁드리는 것이 아닌 다른 친구들이 만든 생살시도 보고, 마치 P-MOOC2처럼 피드백해주고는 했었는데요. 같은 갈래의 주제를 쥐여주셨다 하더라도 각자의 관점이 잘 드러났던 것 같아 보는 재미가 있었습니다.

펀펀&체 FunFun&체

저희 증강학교에서는 수요일날 펀펀&체 FunFun&체 수업을 했었습니다.

FunFun&체 수업에서는 학생들과 FT가 함께 춤추고 운동하며 자성지겸예협을 키웁니다. 보통은 아침마다 학생들이 자발적으로 운동을 진행하지만 FunFun&체 수업에서는 FT와 함께 하는 운동을 함으로써 더욱 즐겁고 활발하게 운동할 수 있었습니다.

이렇게 FunFun&체 수업에서 FT님의 진행과 '체'의 필요성에 대한 자세한 설명과 자료조사는 저희를 마치 운동하지 않으면 뭔가 불편하고, 무슨 일이 일어날 것만 같은 아이들로, 건강한 '체'세계관을 가진 아이들로 만드셨던 것 같다는 생각이 듭니다.

저희는 줍깅이라는 활동을 했었습니다. 줍깅은 조깅과 줍기를 합친 단어입니다. 걸으며 쓰레기를 주워 산이나 길거리를 청소하는 것입니다. 증강학교 학생들은 펀펀체 수업을 통해 태교의 숲에서 줍깅을 하였습니다. 처음에는 줍깅이 무엇인지 조차 제대로 몰랐었는데 산의 쓰레기를 열심히 줍다 보니 뿌듯하고 성취감도 느껴졌습니다.

증강학교 학생들의 어머님들께서도 학생들의 줍깅 활동을 응원해 주시기 위해서 함께 줍깅도 참여해주시고 맛있는 도시락도 가져와 주셨기에 저희 증강학교 학생들이 더욱 힘내서 활동할 수 있었습니다.

수업 시간에 즐겁게 춤을 추며 학업 스트레스를 풀기도 했었습니다. 처음에 이찬희 FT님께서 춤을 추자고 하실 때는 재미있을 것 같다는 즐거운 마음과 동시에 '내가 이걸 왜 해야 하는지'에 대한 의문이 들었습니다. 그러나 이 의문은 음악이 흘러나오고, FT님의 행복한 웃음과 함께 사라졌습니다. FT님의 잔망스러운 댄스와 멋있는 웃음에 저희도 모르게 웃음이 나왔고, 3분가량의 시간이 마치 3시간처럼 길지만, 즐겁게 느껴졌습니다. 정말 시간 가는 줄 모르는 놀이였지만 동시에 시간이 느리게 가는 것 같은 착각을 주었던 놀이이기도 했습니다.

펀펀체 수업 중에서도 가장 기억에 남았던 시간이 있는데요, 바로 종이컵을 쌓기 수업과 방금 설명해드린 춤추는 시간이었습니다. 먼저 종이컵 쌓기 수업에서는 모두 종이컵을 준비해 종이컵을 이용

[증강학교 학생들의 줍깅 활동]

[증강학교 학생들의 어머니들께서
함께 줍깅을 해주신 모습]

하여 자신만의 건축물을 만들기도 하고 하트도 만들며 창의성을 길렀습니다. 그때 당시의 저는 "그래 봤자 종이컵인데 뭐 얼마나 대단하겠어?"라는 생각하고 있었습니다. 이 수업이 저의 편견과 선입견을 깨는 첫 계기였습니다. 이 이후부터는 무언가를 바라볼 때 어느 것이든지 가능성을 열어보고 보려고 합니다.

목요일 지정의 독서법

주마다 달라지는 주제로 정한 책을 발표하면서, 책의 내용과 나 자신의 모습을 보며 수정할 점과 성찰할 점을 찾았고, 이를 의로 실천하는 것이 지정의 독서법 수업의 키포인트입니다. 또 생살시(생명을 살리는 시간 5분: 자신이 정한 주제를 연구하여 영상을 제작하고 공유하는 활동)와 《고구려》라는 역사책을 통해, 온전하고 준비되고 정확한 사람이 되는 준비를 합니다.

다음은, 증강학교 학생 정지원 양이 지정의 독서법 수업을 들으며 변화하고 느낀 것입니다.

정지원 책을 읽고 지정의로 소화해내는 것이 처음엔 아주 힘들었습니다. 또 5~10권의 책을 선정해서 그 책을 지정의로 보고 실천하고 매주 영상을 만들어야 했는데 과제의 난도가 높아서 조금 어려웠습니다. 하지만 이 수업을 통해 어떤 책을 읽거나 영상을 보거나 뭔가를 보고 들었을 때 그걸 지정의로 보고 실천하려고 하는 노력을 하게 된 것 같습니다. 또 책을 읽을 때 어떻게 나의 것으로 소화할 수 있을까 생각을 하게 되었죠.

정희원 제가 했던 발표들은 대부분 어떤 주제를 정해 발표를 하거나 조별로 정해진 주제를 통해 발표하는 것 이렇게 두 가지였습니다. 책을 읽거나, 영상을 보고 그런 것을 통해서 발표를 준비하는 것이 저에게는 어려웠습니다. 어려워도 일단 시도해보자는 마음으로 발표준비를 해보았습니다. 그렇게 여러 주 동안 제가 좋아하는 주제의 책을 읽고 발표를 준비했습니다. 점점 이 책 안에서 내가 어떤 내용이 가장 마음에 들었는지가 뭉툭한 글이 아닌 또렷한 글로 나오기 시작했습니다. 이렇게 발표를 하다 보니 핵심주제를 또렷하게 말하려고 노력할 수 있었습니다.

메타버스 증강학교 프로젝트도 빼놓을 수 없습니다. 증강학교 학생 전원이 박병기 교수님으로부터 웨스트민스터신학대학원대학교 미래교육 리더십 전공 수업에서 메타버스에 대한 1시간 분량의 강의를 해달라는 미션을 받았습니다. 증강학교 학생들만의 힘으로 협력해서 함께 '로블록스'라는 메타버스 플랫폼 안에 증강학교의 모습을 구현하고, 실제로 수업 시간에 시연할 수 있어야 했습니다.

[증강학교 학생들이 메타버스 플랫폼 로블록스 안에서 만든 실제 맵의 모습]

그리고 증강학교 학생들이 모두 힘을 합해서 1시간짜리 강의를 준비했어야 했는데, 그 과정에서 좌충우돌이 정말 많았습니다. 일단 이 맵, 메타버스 월드를 만드는 것부터 정말 어려웠습니다. 증강학교 학생 10명이 전부 한마음 한뜻으로 해야 하는 일이지만, 그게 잘되지 않았습니다. 다른 FT님들이나 기술자분들의 도움을 받지 않고 증강학교 학생들만의 힘으로 만들다 보니 기술적인 구현도 잘되지 않았고 힘이 많이 들었습니다.

하지만 모두가 함께 힘을 합해서 결과적으로는 메타버스 플랫폼, 로블록스 세상 안에 가상의 증강학교를 만들었고, 무사히 강의를 마쳤고, 맵 구동도 아무 문제 없이 잘 되었습니다. 하지만 이 메타버스 맵을 만들면서 증강학교 학생들은 메타버스만을 배운 게 아닙니다. 증강학교 학생들은 이 메타버스 강의를 준비하며 협력을 배웠고, 핵심을 파악하는 것의 중요성을 배웠습니다.

처음 이 맵을 만들기 시작했을 때는 다들 뭔가를 함께 한다는 기대감과 메타버스 플랫폼에서의 활동에 들떠서 부푼 마음을 안고 맵 제작에 들어갔습니다. 하지만 점점 시간이 지나고, 발표준비 마감 기한은 점점 임박해 오고, 서로 의견이 조금 맞지 않기 시작하면서 다들 지치기 시작했습니다. 맵을 만드는 데 있어서 기술적인 문제는 고쳐지지 않고, 일하는 사람과 일하지 않는 사람이 나뉘고, 같이 모여서 맵을 만드는 시간이 11시, 12시, 1시 점점 시간이 흘러가며 모두 힘만 더 들어갔습니다.

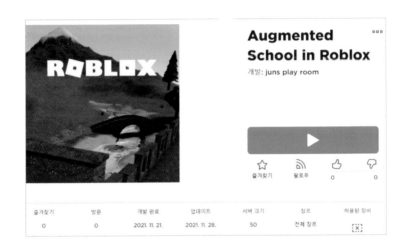

그런데 핵심적인 문제는 이게 아니었습니다. 우리가 만드는 맵을 왜 만드는지, 목적이 무엇인지, 핵심은 무엇인지 생각하지 않고 만들었기 때문에 모두가 잘못된 방향으로 맵을 제작하고 있었던 것입니다. 그래서 만들던 맵을 전부 정리하고 다시 대책회의를 해서 결국엔 함께 완성하게 되었습니다. 이 과정에서 증강학교 학생들은 협력과 본질을 찾는 것의 중요성을 배웠습니다. 아마도 이런 협력 프로젝트를 1시간 하는 게 말로만 협력을 배우는 100시간보다 더 큰 효과를 가졌을 것입니다.

음악 수업을 듣고, Garage Band를 통해 작사, 작곡도 해보면서 창의력을 높일 수 있습니다. 또 증강학교 교가를 만들며 내가 몸담은 학교에 대한 생각을 정리해 볼 수 있습니다. 내가 생각하는 증강학교를 글로 적고 가사와 같이 만들며, 좋은 경험을 얻을 수 있습니다. 멜랑콜리를 음악으로 표현하는 방법과 내 안에 있는 멜랑콜리를 창조적인 것으로 바꿔야 함을 배웁니다.

다음은, 증강학교 학생 정희원 양이 멜랑콜리커 창의 음악 융합 수업을 들으며 변화하고 느낀 것입니다.

정희원 작사 작곡을 해보고 또 다 같이 모여서 노래도 부르며 시간 가는 줄 몰랐던 것 같습니다. 음악을 좋아하는데, 직접 만들어보니 새로운 시도를 해 볼 수 있었습니다.

다음은, 증강학교 학생 김수겸 군이 멜랑콜리커 창의 음악 융합 수업을 들으며 변화하고 느낀 것입니다.

김수겸 평소 음악에 대해 조금씩 알고 있어서 수업을 들을 때 잘 이해가 되었습니다. 그리고 음악을 통하여 맬랑콜리커에 대해서 조금 더 알게 되었고, 음악 지능이 더 향상된 것 같습니다. 그리고 음악을 만들면서 초월적인 감정을 느끼게 되었고 이것도 마찬가지로 성취감이 들게 되었습니다. 저는 음악을 통해 많은 사람에게 힐링을 전해주며 분산의 시간을 갖게 해주고 싶어서 이 수업을 듣고 있습니다.

04
멜랑콜리커와 앙트프레너

"그래서 증강학교에서 청소년들을 어떤 사람을 만드려고 하는 거지?"라는 생각이 드실 것입니다. 한마디로 정리하자면, 증강학교에서는 저희가 지금까지 말한 멜랑콜리커, 앙트레프레너를 키우고 있습니다. 먼저 멜랑콜리커와 앙트레프레너의 뜻에 대해 알아보겠습니다.

멜랑콜리에 대한 사전적 의미를 먼저 살펴보겠습니다. '우울 또는 비관주의에 해당하는 인간의 기본적인 감정'을 멜랑콜리라고 정의 내릴 수 있습니다.[10] 즉 멜랑콜리는 우울함, 슬픔이라는 뜻을 가진 단어입니다. 멜랑콜리함을 이겨내지 못하고, 계속 우울에 빠진다면 일상적인 생활에 어려움이 생길 뿐만이 아니라, 심각하다면 극단적인 선택을 하게 될 수도 있습니다. 하지만 증강학교에서는 이 멜랑콜리를 통해 창조를 만들어냅니다. 또 리더를 만들어

---

10   네이버 국어사전 '멜랑콜리'
https://ko.dict.naver.com/#/entry/koko/58649b0ad0bb4d99861ba9
b41a4cce51

냅니다. '멜랑콜리'를 '창조'로 바꾸는 사람이 바로 멜랑콜리커 라고 할 수 있습니다. 또 우울을 통해 사람의 아름다움과 행복을 찾고 질문하는 사람도 바로 멜랑콜리커가 되는 것입니다.

eBPSS 증강학교에서는 금요일 수업에 멜랑콜리와 음악 융합 수업을 하게 됩니다. 금요일 수업에서는 음악, 악기연주도 감상하고, 멜랑콜리를 창조로 연결하기 위해 창조하는 훈련을 합니다.

eBPSS 증강학교 금요일 수업에서는 멜랑콜리커인 '베토벤'의 곡들을 오케스트라 연주를 통해 감상하고 「지정의知情意」로 소감을 쓰는 활동도 했습니다. 또 멜랑콜리커인 '빈센트 반 고흐'를 책을 통해 알아가고 마찬가지로 「지정의知情意」를 통해 친구들과 나눔을 가지기도 했습니다.

[수원시립교향악단 제274회 정기연주회]
오른쪽부터 김수겸, 손지우, 손지우, 나가람, 송하준, 심삼종FT, 김주혜,
정희원, 정지원, 정하진, 양성규, 김호겸

또 GarageBand라는 어플을 활용해 심삼종 FT님께 작곡하는 법, 가사 쓰는 법 등등을 배우게 됩니다. 이렇게 배우며 조금씩 자신만의 비트, 멜로디, 리듬 등등을 창작합니다. 자기 생각을 가사로 쓰고, 작곡도 합니다. FT와 증강학교 학생들과 함께 '증강학교 송'도 제작을 하였습니다. 이렇게 무無는 이렇게 유有로 창작하며 창조하는 과정을 경험합니다.

이렇게 증강학교에서 증강학교 학생들은 멜랑콜리커로 성장하고 있습니다.

그 다음은 '앙트레프레너' 입니다. 증강학교에서는 멜랑콜리커와 앙트레프레너를 함께 키워냅니다.

여러분은 앙트레프레너에 대해 어떻게 생각하고 계시나요? 즉 앙트레프레너는 개척자, 창업가, 기업가라는 뜻입니다.

멜랑콜리커와 앙트레프레너에 대한 더 자세한 정보는 아래 QR 코드를 참고해주세요!

FT님 소개 우리 경험했던 학교 선생님의 모습과 증강학교에서 경험한 FT님들의 차이점

일반 학교에서는 선생님이 학생들을 가르칩니다. 증강학교의 선생님은 'FT'라고 불립니다. 먼저 FT에 대해 간단하게 설명하겠습니다. FT는 'Facilitator'퍼실리테이터의 약자입니다.

"개인이나 집단의 문제해결 능력을 키워주고 조절함으로써 조직체의 문제와 비전에 대한 자신의 해결책을 개인이나 집단이 개발하도록 자극하고 돕거나, 교육훈련 프로그램의 실행과정에서 중재 및 조정역할을 담당하는 사람을 의미한다. 교사라는 호칭보다는 FT라는 용어를 사용한다."[11]

11 《증강학교 보고서》(김희경 나미현 하나연 경제원 김미영 2017.5.12.)

FT는 일반 학교의 교사선생님와는 다릅니다. 일반 학교의 교사는 학생에게 정보를 전달하는 역할이라면 FT는 학생들의 문제해결 능력을 키워주고 해결책을 찾을 수 있도록 자극하고 돕습니다. 또 증강학교 안에서 FT는 학생이 하는 활동에 같이 참여하면서 도움을 주시기도 합니다. 다음은, FT님들과 함께하는 수업 사진입니다.

4 장.

서퍼(surfer)를
양성하는 학교

1. 지정의 학습을 통한 온전한 서퍼(surfer)를 양성하는 학교
2. 토론과 토의를 통한 준비된 서퍼(surfer)를 양성하는 학교
3. 글쓰기를 통한 정확한 서퍼(surfer)를 양성하는 학교
4. 거대한 파도 속에서 유유히 서핑하며 생명을 살리는 시대적
   서퍼(surfer)를 양성하는 학교

"독서는 온전한 사람으로 만들고,
토론과 토의는 준비된 사람으로 만들고,
글쓰기는 정확한 사람으로 만든다."

-프란시스 베이컨-

　증강학교는 서퍼를 양성하는 학교입니다.

　혹시 "서퍼"가 어떤 사람인지 아시나요? 서퍼surfer는 서핑surfing을 하는, 파도를 타는 사람이죠. 보통 서핑하는 사람들을 어디에서 많이 볼 수 있나요? 바로 바닷가, '파도'가 있는 곳입니다. 왜냐하면, 서핑은 파도를 타는 것이기 때문입니다. 증강학교는 서퍼를 키우는 학교입니다. 하지만 소금물로 이루어진 바닷물, 파도를 타는 서퍼가 아닌 새 시대의 파도, 급격하게 밀려오는 4차 산업혁명 시대의 파도를 타는 서퍼를 키우는 학교입니다. 급격하게 다가오는 새 시대, 4차 산업혁명 시대라는 파도를 타는 서퍼를 키우는 학교입니다. 하지만 파도를 타는 것에서 끝이 아닙니다. 나만 혼자 파도를 유유히 타며 즐기는 것이 아니라 파도에 휩쓸려가는 다른 사람들의 생명을 구하고 더 나아가서 그들도 함께 파도를 탈 수 있도록 하는 것입니다.

지금 4차 산업혁명 시대가 오고 있고, 코로나19로 그 거대한 파도의 속도가 더 앞당겨져서 이미 어느 정도 왔습니다. 그리고 더 빨리 닥쳐올 것입니다. 하지만 지금 대한민국의 수많은 학생은 이 거대한 파도에, 4차 산업혁명 시대에 대비해야 한다는 걸 모르고 아직도 엉뚱한 곳에 시간을 쏟고, 체력을 쏟고, 정신을 쏟고 있습니다. 대한민국의 대학 입시 제도와 학업 스트레스로 인한 압박감, 한순간도 서로 신뢰할 수 없게 만드는 경쟁과 치열한 사투, 그 와중에도 진로를 찾고 내 미래와 꿈을 찾아가야 한다는 부담감. 시대가 바뀌는 이 시점에 청소년이 되어 처음 겪어보는 이 상황에 대한 불안함, 주변에서는 날카롭게 쏟아지는 재촉과 의심, 불신, 앞이 보이지 않아 주저앉고 모두 포기하고 심지어는 삶까지 포기하게 하는 절망감. 지금도 대한민국의 수많은 학생, 청소년들은 이 모든 것들과 싸우며 오늘을 살아내고 있습니다.

성공하려면 모두가 하나의 길로 가야 하는 것 같이 보이는 상황에서 치열하게 경쟁하며 공부하거나, 이 상황에 지쳐 포기하거나, 할 수 있는 일이 아무것도 없는 것 같아서 절망하기도 합니다. 그런 와중에도 꿈과 진로, 나의 미래를 찾아가야 한다는 어른들의 말에 압박감을 느끼기도 합니다. 전부 놓아버리고 싶다는 생각을 하기도 합니다.

증강학교에서는 학생들을 이런 학생이 아니라 새 시대의 파도를 가르는 서퍼로 키우는 것만이 아닙니다. 이런 수많은 학생의 생명을 살리고 그들도 생명을 살리는 서퍼가 될 수 있도록 훈련합니다.

증강학교는 이런 서퍼를 키우는 학교입니다. 지금까지 앞에서 어떤 과정으로 서퍼를 양성하는지는 설명해드렸지만, "어떤" 서퍼를 양성하는지는 설명하지 않은 것 같습니다. 증강학교는 어떤 서퍼를 양성하는 학교일까요? 크게 4가지로 말할 수 있습니다.

1. 온전한 자
2. 준비된 자
3. 정확한 자
4. 생명을 살리는 자입니다.

"학생으로서, 연구자로서 우리는 독서를 합니다. 책을 읽고 논문을 읽습니다. 독서를 함으로써 우리의 사고는 온전해질 수 있습니다. 머릿속에 있는 지식을 혼자 해석하면 자칫 그것이 편견이 될 수 있습니다. 그것을 토론하고 토의해야 더욱 준비됩니다.

그런데 독서와 토론 내용을 글로 쓰면 정확한 지식이 됩니다. 증강학교는 그런 사람을 키워낼 것입니다.

온전한 사람, 준비된 사람, 정확한 사람으로 키워낼 것입니다. 그리고 생명을 살리는 앙트레프레너로 키워낼 것입니다." 거꾸로 미디어연구소, 박병기

증강학교가 어떤 학교라고요? 네, 맞습니다. 증강학교는 온전한 자, 준비된 자, 정확한 자를 키워서 생명을 살리는 앙트레프레너를 키우는 학교입니다. 그럼 이제부터 증강학교가 어떤 사람을 키

우는 학교인지 하나하나 더 자세히 설명해드리도록 하겠습니다.

01
지정의 학습을 통한
온전한 서퍼(surfer)를 양성하는 학교

1) eBPSS의 온전함이란?

지금부터 저희가 말하고자 하는 내용의 기본 베이스인 온전함에 대해 여러분과 나누고자 합니다.

앞에서는 온전함의 사전적인 내용에 대해서 먼저 다뤘었습니다. 그렇다면 eBPSS의 온전함, 즉 우리 증강학교에서 말하고 싶은 온전함은 무엇일까요? 온전함은 본바탕이고 이는 곧 인간의 인간다움이라 2장에서 말씀드렸습니다. 앞에서는 '나'에 대한 온전함을 말했다면 이제는 'eBPSS에서 말하는 온전함'과 '독서의 온전함', '지정의 학습을 통한 온전함'에 초점을 맞추고자 합니다.

혹시 지·정·의知情意라는 말을 들어보셨나요? 한자를 풀어보자면 "알 지, 뜻 정, 뜻 의"입니다. 많이 들어보신 분들도 계실 테고, 전혀 들어보지 못하셨을 수도 있습니다. 지, 정, 의란 말 그대로 "아는 것, 느끼는 것, 의지를 가지는 것"입니다. 우리가 인간으로서 처음 태어날 때 가지고 있던 인간다움입니다. 즉 훼손되지 않은 지·정·의知情意죠. 하지만 점점 자라면서, 성장하고 살아가면서 여러 가지 이유로 훼손되고 망가지게 되었습니다.

편견 때문에 세상을 제대로 보고 생각하지 못했었고, 많은 세계관과 서로 다른 관점에 의해 제대로 알고 볼 수 없게 '지'가 훼손되었습니다. 또 살면서 무수히 겪는 일들과 다른 사람들과의 갈등, 수많은 부딪힘으로 온전한 감정을 느낄 수 없도록 '정'이 훼손되었습니다. 원래는 깨닫고 느낀 것을 바로 실천할 수 있었지만, 살면서 여러 한계에 부딪히며 '의'가 망가지게 되었습니다.

온전한 본바탕을 가지고 있었는데 이것이 훼손된 것이죠. 마치 종이가 구겨지는 것처럼 말입니다. 하지만 구겨졌다는 것은 무엇을 뜻할까요? 구겨졌다는 것은 구겨지기 전의 상태도 있다는 것이죠. 구겨지기 전의 온전한 모습을 100% 회복할 수는 없습니다. 완전히 구겨지고 뭉개진 상태의 종이보다는 어느 정도 펴진 상태의 종이가 활용하기 더 쉬울 것입니다. 저희의 온전함도 마찬가지입니다. 그렇기에 구겨져 있는 저희의 온전함을 열심히 펴야 하죠.

그래서 증강학교에서 지·정·의知情意 학습과 미래저널로 이 온전함을 회복하고 있는 것입니다. 지·정·의知情意, 미래 저널은 모두 인간의 본바탕, 즉 인간다움을 회복시키는(구겨진 인간다움을 펴주는) 역할을 합니다. 이 지정의 학습과 온전함의 연관에 대해서는 아래에서 더 말씀드리겠습니다.

2) 독서의 온전함이란?

먼저 앞에서는 eBPSS의 온전함에 대해서 알아보았습니다. 많은 사람이 독서에 대해 강조하고, 독서와 온전함에 관해 설명합니다. 그리고 독서를 통해 온전한 사람이 될 수 있다고 합니다. 증강학교에서도 독서를 강조합니다. 또한, 증강학교에서는 독서를 통한 활동을 매우 많이 합니다. 따라서 독서를 통해 온전한 사람이 되기 때문입니다. 그렇다면 독서에는 어떤 장점이 있을까요? 사람들이 일반적으로 정의하는 독서의 장점입니다.

"독서에는 많은 장점이 있지만, 그중 요점 3가지를 정리하였습니다. 독서의 장점 첫 번째. 지식 생성력을 길러줍니다. 여기서 말하는 지식 생성력은 말 그대로 새로운 지식을 생산하는 능력을 말합니다. 정보화 사회가 시작되면서 지식의 생성은 매우 중요해졌는데 독서를 많이 하면 학습의 전이가 촉발되어 새로운 지식형성을 하는 것이 쉽습니다."

"두 번째로는 올바른 가치관 형성을 돕습니다. 즉흥적이고 자극 추구 적인 성향이 강한 현대인들에게 비판적 사고를 가지는 것은 힘듭니다. 그러나 독서는 독자에게 수많은 관점과 지식을 제공해 독자들의 사고력을 길러주고 비판적 사고를 가능케 해줍니다."

"그리고 마지막으로 독서는 평생 학습 능력을 키울 수 있게 해줍니다. 정규교육은 특정 나이대나 특정 기관에 제한되어 있어 쉽게 접할 수 없지만, 독서는 어린아이, 노인 할 것 없이 쉽게 접근할 수 있어 평생 학습에 큰 도움이 됩니다."[12]

---

12 (임성관, 독서, 시간의 물레, 2010)

독서에 이렇게 많은 장점이 있는 것은 많은 사람이 이미 알고 있는 사실입니다. 하지만 증강학교에서는 왜 독서를 통해 온전한 사람을 키우려 하는 것일까요?

독서를 통해서는 나의 세계관을 확장 시킬 수 있습니다. 독서를 하지 않는다면 편협한 세계관을 가지게 될 수도 있습니다. 수많은 책을 골고루 접하지 않는다면 아무리 독서를 해도 나의 논리를 뒷받침해주는 책들만 읽게 될 수 있습니다.

지금은 책, 독서 외에도 세상을 볼 방법이 많습니다. 인터넷은 정보의 바다입니다. 수많은 사람의 세계관과 새로운 정보를 얻을 수 있습니다. 하지만 책의 경우 누군가의 세계관을 전달하는 데 가장 효과적인 도구입니다.

왜냐하면, 책을 쓰기 위해서 글을 쓰는 행동 자체가 내 세계관을 통해 이루어지는 것이기 때문입니다. 글을 쓰는 순간 그 글은 나의 세계관을 거쳐서 써지는 것입니다. 또 책을 쓰기 위해서는 내가 하고 싶은 말이 명확해야 합니다. 인터넷에 글을 쓸 때는 간단한 표현과 글 일부가 생략된 글로도 충분히 의사소통이 가능하지만, 내가 책을 쓰고 이 책을 통해서 나의 세계관을 다른 사람에게 온전히 이해시키고 설득시키기 위해서는 내가 먼저 이것을 온전히 이해해야 합니다. 누군가가 쓴 책 한 권을 읽는다는 것은 그 사람의 세계관을 읽는 것과 같습니다.

"단 한 권의 책밖에 읽은 적이 없는 인간을 경계하라."[13]는 말이 있습니다. 독서를 하지 않는다면 온전한 사람은커녕 우물 안 개구리가 될 수도 있는데, 평생을 내가 아는 상식 그 안에서만 살게 되는 것입니다. 내 편견 안에만 갇혀 살 수도 있습니다. 더 무서운 건 내 생각이 편견이 되어서 편협한 사고밖에 하지 못하게 되는 것입니다.

독서를 함으로써 나의 온전하지 못한 세계관이 온전해질 수 있고 좁은 내 시각이 넓혀질 수 있습니다.

하지만 증강학교에서는 다양한 세계관을 접하는 것을 넘어서, 내 시각을 확장하는 것을 넘어서 무엇을 보고 읽고 듣고 접할 때 증강학교의 세계관을 통해 세상을 바라보는 온전한 사람을 키웁니다. 처음 1장에서 말한 건전한 세계관이 이것과 같습니다. 증강학교의 건전한 세계관을 통해서 독서를 할 때 그 지식이 나의 것이 되는 것입니다.

---

13   벤자민 디즈레일리

[좌측 사진: 책 "미래저널과 미래리딩"
우측 사진: 책 "하버드에도 없는 AI시대 최고의 학습법 지정의 학습"]

독서와 온전함의 연관은 뭔지 알 것 같은데, 증강학교의 지정의 학습은 어떻게 온전한 사람으로 만드는지 궁금증이 생기실 겁니다. 지금부터 증강학교의 지정의 학습을 통한 온전함에 대하여 알아보겠습니다.

증강학교에선 지·정·의知情意 학습을 합니다. 지·정·의知情意 학습이란 영상 또는 책을 읽고 지깨달음/성찰/분별 등, 정"지"를 통해 느끼게 된 것, 의"지"와 "정"을 통해 실천하기로 한 것 형식으로 글을 작성하는 학습입니다. (지정의 학습에 대한 자세한 내용은 '하버드에도 없는 AI시대 최고의 학습법, 지정의 학습'이라는 책에서 얻으실 수 있습니다.) 앞에서 말씀드렸던 구겨진 내 온전함을 회복하는 그 학습법 말입니다. 이 학습법이 어떻게 우리의 온전함을 회복할까요?

먼저 증강학교 학생이 작성한 지정의 학습 글을 예시로 보여드리겠습니다. 아랫글은 증강학교 김수겸 학생이 칸 아카데미로 수학 학습을 진행한 후 작성한 지정의 학습 글입니다.

"깨달은 점 : 지정의 학습을 통한 수학 학습을 하며 수학에 대해서 조금 더 알게 되었다. 그리고 나는 거기에 더불어 수학에는 내가 생각했던 것보다 훨씬 많은 장점이 있고, 그전에는 그렇게 생각하지 않았는데, 그것을 통해서 성장을 할 수 있다는 점을 깨달았다. 그리고 거기서 멈출 것이 아니라 성장한 것을 가지고 선한 영향력까지 미쳐야 한다는 것을 알게 되었다.

느낀 점 : 성장한 것을 가지고 선한 영향력을 미쳐야 한다는 생각을 하게 되었는데, 나는 어떻게 선한 영향력을 끼칠 수 있을지와 같이 많은 궁금증과 실천에 대한 기대감이 들었다.

실천할 점 : 따라서 나는 이 지정의 학습이 끝난 후 바로 나의 질문에 답을 찾아보도록 하겠다. 그리고 나는 내가 답한것을 포스터로 만들어 내가 어떻게 실천을 성실하게 할 수 있을지 2가지 이상 생각을 해보고 실천하도록 하겠다.

What I realized : I learned math. Therefore, I think I learned a little more about math. And I can grow through it because I have many advantages in mathematics. Therefore, it is necessary to have a good influence with what has grown.

I came to think that I should have a good influence on what I felt and what I should do-what I grew up. So how can I have a good influence? I became curious about a lot of things such as my back. Therefore, I will try to find the answer to my question immediately after this learning. And I will make a poster of what I answered and think about more than two things about how I can faithfully practice."

(위의 글은 증강학교 김수겸 학생이 지정의 학습을 진행한 글의 예시입니다.)

지정의 학습을 통해서는 통찰하고 성찰하며 나를 알아갈 수 있습니다. 나를 아는 인간다운 사람이 되어 갈 수 있습니다. 증강학교 학생들은 지·정·의^{知情意}의 '지'를 작성하며 책 또는 영상 자료의 내용을 나와 연결해야 합니다. 내용은 따로 놀고 자신도 그 내용과 다르게 행동한다면 자신의 삶에서의 변화도 없고 지정의 학습을 하는 이유도 없기 때문입니다. 이 과정을 통해 증강학교 학생들은 점점 인간다움을 찾아가는 사람이 되어가고 있다는 것을 느끼고 있습니다.

지정의 학습은 우리의 구겨진 지·정·의^{知情意}를 회복하는 학습입니다. 지정의는 우리의 본바탕, 온전한 모습입니다. 이 지정의 학습을 통해 증강학교에서는 학생들이 자신의 온전한 원래의 모습을 찾을 수 있도록 훈련합니다.

02
토론과 토의를 통한
준비된 서퍼(surfer)를 양성하는 학교

"지정의 학습을 통한 온전한 자"에 이어 "토론과 토의를 통한 준비된 자"입니다. 여러분은 토론과 토의를 통해서, 준비된 자가 될 수 있다고 생각하시나요?

여러분이 생각하시는 준비된 사람은 누구인가요? 무엇이든 들어있는 만능 주머니처럼 모든 것을 다 가지고 있는, 언제든지 꺼내줄 준비가 된 사람일까요? 아니면 모든 일이 벌어질 것을 대비하는 준비성 만점인 사람일까요? 방금 설명한 것도 무조건 틀렸다 볼 수는 없습니다. 그런데 저희가 이번에 이야기하고자 하는 것은 앞으로의 4차 산업혁명 시대에서의 '준비된 자'를 이야기하고자 합니다. 준비된 사람은 즉 "자기가 가지고 있는 재능과 자원을 잘 파악하여 관리하는 사람", "다른 사람과 상황을 잘 이해하고 올바른 목적지를 향해 끊임없이 노력하는 사람"이라고 할 수 있습니다.

증강학교에서는 이를 서번트 리더라고 보았고, 함께 토론과 토의를 하면서 이 서번트 리더십을 키울 수 있다고 말하는데, 서번트 리더는 남을 위해 헌신하는 리더입니다. 타인을 위해 대가 없이 헌신하고 먼저 나서는 것인데요. 올바른 목적지를 향해 타자 공헌하는 리더의 마음가짐으로 점점 악해지는 미래와 이 시대 속에서 이리저리 상처받은 이들을 모아 치유해줄 수 있는 유일한 리더, 서번트 리더가 준비된 자입니다. "준비된 사람에게 위기는 기회가 된다"[14]는 이야기가 있는데 서번트 리더는 뭐죠? 네, 불확실한 미래 시대를 자유자재로 즐기는, 4차 산업혁명 시대의 새로운 리더의 모습이죠. 미래가 불확실하고 흔들릴 때마다 준비된 자, 즉 서번트 리더에게는 그 위기가 기회가 되는 것입니다.

기회는 준비된 사람에게는 히든 찬스와 같습니다. 준비된 사람은 행운이 왔을 때 그 행운을 잡을 수 있습니다. 성공한 사람들은 그냥 있었는 데 성공한 것이 아닌 행운이 왔을 때, 또는 기회가 왔을 때 잡을 준비가 되어있었던 것이죠. 기회가 왔을 때 그걸 잡을 수 있는 리더, 바로 서번트 리더입니다.

그렇다면 토론과 토의는 무엇일까요? 이 토론과 토의가 서번트 리더와 준비된 자와는 어떤 연관이 있을까요?

일반적으로 토론은 찬성과 반대의 관점으로 나뉘는 주제에 대하여 각각 서로의 입장을 설득시키기 위해 근거를 들어 자신의 주장을 논리적으로 펼치는 것이라고 정의합니다. 그리고 토의란, 주

---

14   http://finebook.kr/subject/3113

제를 정해 그 주제가 지닌 문제점을 이해하고 그 원인과 실태, 전망에 대해 지식과 의견을 교환하여 문제의 의미를 정확하게 인식한다는 데 있어 초점이 맞춰져 있습니다.[15]

"지정의 독서법" 수업에서의 토론과 토의도 이와 비슷하나 조금 다릅니다.

이제 토론과 토의의 중요성과 토론과 토의는 어떻게 준비된 사람을 만드는 것인지에 대해 말씀드리고자 합니다. 저희는 <토의·토론을 활용한 지속가능 발전 교육 프로그램이 초등학생의 의사소통능력과 비판적 사고력에 미치는 영향>이라는 논문에서 토론과 토의의 중요성을 찾게 되었는데요, 토론과 토의를 활용한 지속가능 발전 교육이 초등학교 4~5학년을 대상으로 어떠한 영향을 미치는가에 대해서 연구한 논문입니다.[16]

프로그램의 내용으로는 기후변화, 에너지, 환경문제, 생물 다양성 등을 다루었고, 각각의 주제에 대하여 적절한 토의·토론 기법을 적용하여 수업을 설계하였습니다. 본 연구에 관한 결과는 다음과 같았습니다.

---

15   네이버 국어사전 '토의와 토론의 차이'
      https://ko.dict.naver.com/#/correct/korean/info?seq=6451

16   토의·토론을 활용한 지속가능발전교육 프로그램이 초등학생의 의사소통
      능력과 비판적 사고력에 미치는 영향
      https://www.kci.go.kr/kciportal/ci/sereArticleSearch/ciSereArtiView.
      kci?sereArticleSearchBean.artiId=ART002302741

"첫째, 토의·토론을 활용한 지속가능 발전교육 프로그램은 전체적으로 의사소통능력 향상에 효과적이었습니다. 또한, 세부 영역별로는 언어적 의사소통과 비언어적 의사소통 영역에 모두 유의미한 향상이 있었다고 합니다."

"둘째, 토의•토론을 활용한 지속가능 발전교육 프로그램은 비판적 사고 기능 향상에 효과적이었으며, 세부 영역별로는 사실과 의견 구분하기, 한 문제를 다양한 관점으로 조망하기, 주장이나 진술에 개재된 편견 탐지하기 영역에 있어서 유의미한 향상이 있었습니다."[17]

그렇기에 토론과 토의를 활용한 지속가능 발전교육이 학생들의 의사소통 능력과 비판적 사고력에 긍정적인 영향을 끼친 것을 볼 수 있습니다. 21세기 기술 중에서도 의사소통 능력과 비판적 사고력이 포함되어 있습니다. 저희는 이 21세기 기술들도 토론과 토의를 통해서 향상할 수 있다고 생각하였습니다. 의사소통을 통해서 협력도 이루어질 수 있고 21세기의 기술들을 발전시키고 향상해 나갈 수 있습니다. 이 과정에서 토론과 토의를 통해서 준비된 사람을 만들어갈 수 있음이 증명된 셈입니다.

저희는 준비된 자를 서번트 리더로 설명했습니다. 그리고 토

---

17   토의·토론을 활용한 지속가능발전교육 프로그램이 초등학생의 의사소통능력과 비판적 사고력에 미치는 영향
https://www.kci.go.kr/kciportal/ci/sereArticleSearch/ciSereArtiView.kci?sereArticleSearchBean.artiId=ART002302741

론과 토의로 이를 어떻게 만들어나가는지 또한 앞에서 말씀드렸습니다.

"언택트 시대의 마음택트 리더십" 책 표지[18]

이렇게 토론과 토의를 하다 보면, 기회가 다가왔을 때 그 기회를 제공하는 사람에게 예의를 갖추어 그 사람의 말에 경청하고 내 의견을 표현하되, 상대가 기분 나쁘지 않도록 표현할 수 있게 됩니다. 이렇게 한다면 세상에서 말하는 "성공한 사람"이 될 수 있을 것입니다. 하지만 저희의 목표가 "성공한 사람"이 되는 것은 아닙니다. 저희의 목표는 서번트 리더, 또 새 시대의 서퍼가 되는 것입니다. 물론, 준비된 자로서 기회를 잡아 성공한 사람이 되어 서번트 리더십, 그리고 eBPSS를 널리 알리는 것, 준비된 서번트 리더가 되어 팀원들을 위해 기회를 잡는 것 또한 좋을 수 있습니다. 하지만 그러기

18   책 언택트 시대의 마음택트 리더십
       http://www.yes24.com/Product/Goods/91879703

전에 저희의 목표는 서번트 리더, 그리고 새 시대의 서퍼입니다.

토론과 토의를 통해 준비된 자가 되어 서번트 리더로, 또 서퍼로 발전해 나갈 수 있다고 생각합니다. 새 시대의 파도를 즐기며, 남을 도울 준비가 되어있는 사람이 되어야 합니다.

여기서 잠시, 저희가 처음에 말했던 준비된 자의 정의를 다시 떠올려 보겠습니다. 저희는 준비된 자를 "자기가 가지고 있는 재능, 자원을 잘 파악하여 관리하고, 다른 사람과 상황을 잘 이해하고 올바른 목적지를 향해 끊임없이 노력하는 사람"이라고 설명했고 이런 모습이 서번트 리더와 연관이 있다고 말씀드렸었습니다. 여기서 궁금증이 하나 생기게 됩니다. 토론과 토의를 통해서 어떻게 자신의 재능, 자원을 잘 파악하여 관리하고 다른 사람과 함께 어떠한 상황을 잘 이해하고 올바른 목적지를 향해 끊임없이 노력할 수 있을까요?

앞서 말했듯이 토론과 토의는 서로 비슷한 듯 다른 뜻을 가지고 있습니다. 이 두 가지의 공통점은, 한 가지의 주제를 가지고 그 문제점에 대해 이야기하거나 그 주제에 대해 토론하는 것입니다. 이런 식으로 토론과 토의를 많이 하며 다양한 주제에 대해 나의 의견을 말해 본 사람이라면, 이렇게 토론과 토의를 하다가 내가 정말 관심이 있고 즐거워하는 분야를 찾을 수 있습니다. 예를 들어 토론 주제가 환경과 관련된 주제라면, 환경과 관련해 이야기하다가 "어? 나 환경에 관심이 있네?" 하고 생각할 수 있는 것이죠. 이렇게 알게 된 자신의 미션과 비전, 이것이 장차 직업까지 가는 사람들도 없지는 않을 것입니다.

히지만 이건 내가 좋아하는 것이지, 어떻게 재능이냐고요?
이번에는 토의로 넘어가 봅시다. 토의는 한 가지 주제를 정해 문제점을 찾고 이해한 후 원인 등등을 알아가는 것입니다. 이렇게 환경에 대해 토의를 한다고 예를 든다면 이렇게 토의한 것을 가지고 실천을 할 수 있겠죠. eBPSS에서는 실천을 굉장히 중요하게 여깁니다. 아는 것이 아무리 많아도 실천하지 않으면 쓸모가 없는 것입니다. 그래서 저희는 무엇을 하든 실천을 하려고 노력합니다. 이렇게 하는 실천과 지식이 조금씩 조금씩 쌓이면 이것은 나만의 "재능"이 되는 것이죠. 요즘 점점 환경이 안 좋아지고 있는데, 이 상황 속에서 나의 환경에 대한 지식과 지금까지 해왔고 또 앞으로도 실천할 나의 행동들은 나만의 재능이 될 수 있는 것입니다.

계속해서 말했듯이 준비된 자는 즉 '자기가 가지고 있는 재능, 자원을 잘 파악하여 관리하고, 다른 사람과 상황을 잘 이해하고 올바른 목적지를 향해 끊임없이 노력하는 사람'인데요. 지금까지 설명을 들어보니 토론과 토의가, 준비된 사람을 만든다고 생각되시나요? 여러분도 저희의 이 책과 미래저널을 통해 남을 도울 준비가 되어있고, 남을 섬길 준비가 되어있고, 새 시대의 파도를 서핑할 준비하고 서번트 리더가 되었으면 좋겠습니다.

03
글쓰기를 통한
정확한 서퍼(surfer)를 양성하는 학교

정확한 사람이란? 일단 여러분은 정확한 사람이 어떤 사람이라고 생각하시나요? 잠깐 멈춰서 생각을 해보셔도 좋습니다.

정확한 사람이 무엇인지 물어봤을 때 다수의 사람은 보통 꼼꼼한 사람이나 계산적인 사람, 이 정도로 생각하곤 합니다. 뭐든지 정확하게 따지고 계산하는 완벽주의자 같은 사람이라고 생각할 수도 있죠. 하지만 정확한 사람은 그런 사람이 아닙니다.

정확한 사람이란 무언가를 볼 때 그것의 주위 허상을 핵심이라고 착각하는 사람이 아니라 핵심을 꿰뚫어 보는 사람입니다. 시대를 정확히 읽는 사람입니다. 제대로 인식하고 의식하는 사람입니다. 본질을 꿰뚫는 사람입니다. 그리고 이 정확한 사람은 흥미롭게도 4차 산업혁명 시대에 가장 중요한 자질 중 하나인 서번트 리더십의 인식과 아홉 번째 지능의 의식 지능과 연결됩니다.

여기서 이 서번트 리더십과 아홉 번째 지능이 도대체 무엇일까요? 서번트 리더십은 파트너 링커십이라고도 불립니다. 앞에서 한

번 설명드렸듯이 섬김의 리더십으로 번역할 수 있습니다. 이 서번트 리더는 그전의 리더들과는 다른 사람입니다. 그전의 리더들은 명령하고 이끌고 호령하는 사람들이었습니다. 소리 지르고 잔소리하는 모습들이죠. 하지만 서번트 리더는 흥미롭게도 딱히 정해진 리더십의 형태가 아닙니다. 서번트 리더십은 다른 사람들을 돕고 그들을 섬김으로써 리더인 사람들의 특징입니다. 시키기 전에 먼저 행동하는 사람들입니다. 이 서번트 리더의 10가지 특성인 경청, 공감, 치유, 인식, 설득, 개념화, 미래 보기, 청지기 정신, 이웃 성장에 헌신, 공동체 세우기 중 인식이 시대를 읽는 것과 특히 많은 연관이 있습니다.

그렇다면 아홉 번째 지능은 무엇일까요? 아홉 번째 지능은 실존지능, 영성 실존지능으로 불리기도 하는데요, 아홉 번째 지능은 답이 없는 질문에 대해 끊임없이 고민하는 지능입니다. 실존적이고 초월적인 "나는 누구인가?", "왜 사는가?" 등의 질문을 던지는 지능입니다. 하워드 가드너의 다중지능 이론의 8가지 지능 후로 나왔기 때문에 아홉 번째 지능이라는 이름을 가지고 있습니다. 이 다중 지능 중 나의 특화된 장점인 강점지능과 아홉 번째 지능이 만나면 엄청난 폭발을 하게 되고 내 능력을 몇 배로 더 활성화할 수 있습니다. 보통 이 질문을 한다면 공부할 시간에 쓸데없는 생각이나 한다고 하지만 사실 정말 중요한 질문입니다.

그렇다면 글, 글쓰기란 무엇일까요? 많은 분들이 글쓰기가 무엇인지, 그리고 글쓰기의 중요성을 잘 알고 계실 겁니다. 하지만 글쓰기가 왜 중요한지 누군가가 물어본다면 많은 사람은 "그야 당연히 중요하죠." 같은 말밖에 하지 못합니다. 사람들은 글쓰기가 매우 중요하다는 사실을 잘 알고 있지만, 그 이유를 잘 모르고 있습니다. 글쓰기는 무엇이며 왜 중요할까요? 너무나 당연한 정의이긴 하지만 뒤에서 설명할 내용을 뒷받침하기 위해 꼭 짚고 넘어가야 할 개념입니다.

　글쓰기는 단어 그대로 글+쓰기, 즉 글을 쓰는 행동을 의미합니다. 하지만 글쓰기는 단지 문자를 종이 위에 적는 행위를 말하는 게 아닙니다. 글을 창조해 내는 것을 의미합니다. 글을 짓는다고도 말합니다. 저도 지금 이렇게 책을 쓰며 글을 쓰듯이, 글을 창작해 내는 과정을 바로 글쓰기라고 부릅니다.

　글쓰기는 모두가 할 수 있지만, 모두가 제대로 하는 건 아닙니다. 글쓰기를 하고 있다고 생각하지만, 그 내용은 "필사"에만 그칠 수도 있습니다. 내가 보기엔 내 생각을 썼다고 할 수 있겠지만, 실제로 그 내용에는 나의 말이 하나도 없을 수도 있습니다.

　이 '4차 산업혁명 시대'에서는 내가 없는 글은 필요가 없습니다. 4차 산업혁명 시대의 핵심 기술이라고 하면 어떤 기술이 제일 먼저 떠오르시나요? 저는 인공지능이 제일 먼저 떠오르는데요, 인공지능은 날이 갈수록 발전하고 있습니다. 이제 인공지능이 못 하는 일이 거의 없어져 가고 있을 정도이고, 글도 당연히 잘 씁니다. 하지만 인공지능이 쓴 글과 인간이 쓴 글의 차이가 뭐가 있을까요? 그 차이가 점점 좁혀져 가는 가운데, 인공지능이 절대로 따라 할 수 없는 인간만의 특징이 있습니다. 맞습니다. 앞에서 계속 강조했던 아홉 번째 지능입니다. 이 아홉 번째 지능은 인공지능이 절대 가질 수 없는 지능입니다. 인공지능도 글을 잘 쓸 수는 있습니다.

만약 "나는 왜 사는가?"라는 주제로 인간과 인공지능이 똑같이 글을 쓴다면 그 차이를 파악하지 못할 수도 있습니다. 하지만 여기서 다른 점은 인간은 내가 지금까지 살아온 인생과 지금 사는 나의 삶, 앞으로 나의 미래를 그리며 내가 왜 사는지를 적어낼 것입니다. 하지만 인공지능은 프로그래밍 된 대로 생각해서 수많은 데이터를 바탕으로 생각하고 답을 내린 값의 결과를 도출해낼 것입니다. 이게 인공지능 그 자신의 통찰과 성찰, 사유가 담긴 글일까요? 그렇다고 볼 수는 없습니다. 왜냐하면, 그렇게 프로그래밍 되어있기 때문이고, 그 프로그래밍은 누군가에 의해서 대신 짜인 것이기 때문입니다. 하지만 인간은 그렇지 않습니다. "나는 왜 사는가?"라는 질문을 받았을 때 인간은 깊이 생각하고 내 이야기를 담아 글을 씁니다.

내가 써낸 글 속에 '내'가 들어가 있어야 합니다. 나를 "정확히" 담아내는 글은 내가 그 글 속에 들어있는 글입니다. 증강학교에서는 학생들이 내가 담겨 있는 글을 쓸 수 있도록 훈련합니다.

이제 글쓰기를 해야 하는 이유에 대해 말해봅시다.

글쓰기는 내 사고의 확장입니다. 내 생각을 열어주고 내 사고를 열어주는 힘입니다. 글을 쓸 때 자기 생각을 기록하게 됩니다. 내 생각을 기록하지 않으면 그 생각은 내 것이 아닙니다. 확실히 생각은 기록하지 않으면 순식간에 머릿속에서 지워지는 것 같습니다. 내 생각이 날아가지 않게 붙잡아두고 그걸 기록할 때 내 것이 되는 것입니다.

또 컴퓨터에 키보드로 텍스트를 써넣는 것보다 자신의 손으로 글을 쓴다면 더 기억하기 쉽고, 큰 도움이 됩니다. 글쓰기는 모든 사람에게 필요합니다.

그럼 글쓰기는 어떻게 정확한 사람으로 만드는지 설명하겠습니다.

글쓰기는 내 머릿속에 있는 것들을 손으로 써내는 과정입니다. 내 머릿속에 있는 생각들을 손으로 써내면서 그 생각을 더 구체화하게 되는 것입니다. 또 내가 생각했던 것들이 날아가지 않게 붙잡을 수도 있습니다. 내가 생각한 것들을 글로 다시 쓰면서 그 내용이 정확한지도 확인할 수 있게 됩니다.

글을 쓰면서, 내가 쓴 글을 다시 읽어보고 생각을 정리하며, 문맥과 발음, 의미 등에 대해서도 다시 생각할 수 있었습니다.

또 저희 조원들이 함께 느낀 글쓰기와 정확함의 연관이 있습니다. 미래저널은 글쓰기와도 큰 연관이 있습니다.

여러분은 리더가 무엇이라고 생각하시나요? 네이버 어학사전에 따르면 "조직이나 단체 따위에서 전체를 이끌어 가는 위치에 있는 사람"이라고 합니다. 그렇다면 리더는 무조건 명령하고, 지휘하고, 앞서가는 사람일까요? 업무의 효율을 위해 모든 걸 도맡아 하는 사람인 걸까요? 증강학교에서 정의하는 리더는 이와 조금 다릅니다. 증강학교에서 정의하는 리더는 "나에 대해 깊이 알고, 이웃을 깊이 관찰해서 어떤 사람들인지 알아내고 그 결과로 타인을 위한 삶을 사는 자"라고 정의했습니다. 조금 더 덧붙이자면 "창의적이고 융합적인 사고를 하며 협력을 잘하고 좋은 인성을 가진 자로서, 놓인 문제를 해결하며 세상을 이롭게 하는 자"입니다.언택트 시대의 마음택트 리더십.[19]

그렇다면 이런 리더를 저희 증강학교에서는 어떻게 키워나가고 있을까요? 증강학교에서는 이런 리더를 기초 학습 중의 기초! 미래저널과 지정의로 키워나가고 있습니다. 리더에게 있어 최고의 덕목은 무엇일까요? 당연하게도 여러분의 생각은 조금씩 각기 다를 것입니다. 그러나 그 기본 베이스에는 '나'와 '타인'이 깔려 있어야 할 것입니다. 리더가 나를 알지 못한다면 내 안이 썩어들어가는데 어찌 타인을 알 수 있을까요? 리더가 타인을 알지 못한다면 이를 리더라 말할 수 있을까요?

그 첫걸음으로는 미래 저널이 있습니다. 미래저널을 통해 나에 대해 '정확'해집니다. 그리고 타인에 대해 정확해지고 내가 섬기는

사람들을 어떻게 섬겨야 할지 정확하게 알게 됩니다. 즉 구체화 되는 것입니다.

저희의 경험을 나눠드리자면, 미래 저널의 '나는 누구인가'라는 질문을 작성하며 내 생각, 성격, 시선, 습관 등 나에 대해 알게 되고 정확해졌습니다. 또 이를 통해 저희는 타인이란 무엇인지에 대해서도 살펴보고, 답을 하는 시간을 통해 정확한 사람이 되어갔습니다.

그리고 미래 저널을 쓰면서 이전에는 나를 제대로 알지도 못했지만, 나를 정확하게 보고 내 진짜 모습을 맞설 힘이 생겼습니다. 그전까지는 내 모습을 부인하고 나의 진짜 모습을 보지 못했습니다. 하지만 미래 저널을 쓰면서 나를 보는 힘을 점점 키우며 내가 나를 정확하게 볼 수 있게 되었습니다.

글쓰기는 eBPSS 철학과도 많은 연관이 있습니다.
먼저 내가 누구인지 글을 쓰며 끝없이 통찰하다 보면 내가 어떤 사람인지 구체화 되고 내가 어떤 사람인지 한눈에 볼 수 있게 됩니다. 또 글쓰기를 하며 내 생각을 써 내려가고 그 생각이 쌓이게 되면 내 가치관이, 내 세계관이 만들어지게 됩니다. 그렇게 내 생각을 다져가면서 내 빅픽처가 만들어지는 것입니다.
그냥 컴퓨터로 타자를 칠 수도 있습니다. 다만, 나만의 글을 쓰는 것은 AI가 할 수 없는 행동입니다. 자신의 생각을 글로 써 표현할 때 자신을 글을 보고 성찰, 통찰하는 능력을 기를 수 있습니다.

앞에 말했던 미래 저널, 지정의, 박병기 교수님의 말씀 모두 eBPSS와 크게 연관되어 있습니다. eBPSS의 기초 중 기초인 미래 저널, 지정의도 글쓰기가 기반이기 때문입니다.

글쓰기는 독서와 토론과도 매우 큰 연관이 있습니다. 독서는 책을 읽는 것입니다. 책은 글쓰기로 만들어집니다. 글쓰기가 없다면 책도 없고 독서도 없습니다. 그리고 독서를 한 후 글쓰기, 특히 지정의 학습을 해야 그 내용을 완전히 내 것으로 만들 수 있습니다.

토론도 글쓰기와 연결되어야 합니다. 토론의 목적은 내 의견으로 타인을 설득하기 위함이죠. 그런데 토론을 하기 전에 내 의견조차 정리가 되지 않는다면 그 의견은 나 스스로조차 설득시키지 못합니다. 그리고 나의 생각을 날 것 그대로, 글로 정리되지 않은 그 자체를 얘기할 때 그 내용은 정확하지 않을 수 있고 준비되지 못한 주장입니다.

[글쓰기에 대한 자세한 증강학교 블로그]

04
거대한 파도 속에서 유유히 서핑하며
생명을 살리는 시대적 서퍼(surfer)를 양성하는 학교

온전한 자, 준비된 자, 정확한 자, 생명을 살리는 자입니다. 지금까지 함께 온전한 자, 준비된 자, 정확한 자에 대해서 함께 보았는데요, 4장의 첫머리에서 증강학교가 어떤 학교라고 언급했던 부분을 잊지 않으셨으면 좋겠습니다.

"학생으로서, 연구자로서 우리는 독서를 합니다. 책을 읽고 논문을 읽습니다. 독서함으로 우리의 사고가 온전하게 될 수 있습니다. 머릿속에 있는 지식을 혼자 해석하면 자칫 그것이 편견이 될 수 있습니다. 그것을 토론하고 토의해야 더욱 준비가 됩니다. 그런데 독서하고 토론한 내용을 글로 쓰면 정확한 지식이 됩니다. 증강학교는 그런 사람을 키워낼 것입니다." 거꾸로 미디어연구소, 박병기

맞습니다. 증강학교는 온전한 자, 준비된 자, 정확한 자를 키우는 학교입니다. 그런데 이 학교의 궁극적인 목표는 "생명을 살리는 자"를 키우는 것입니다. 아마 조금 의아하실 거라 생각하는데요, 왜 생명을 살리겠다는 건지 이해가 되지 않으실 수 있습니다. 온전

한 자, 준비되고 정확한 자가 되어야 하는 건 이해가 되는데, 미래학교라면서 왜 생명을 살리는 법을 가르치는 걸까요? 긴급구조 활동을 할 수 있는 기술을 말하는 걸까요? 언제든지 사람을 구하러 차가운 물 속에 뛰어들 방법을 배우고 익힌 사람을 말하는 걸까요? 그럴 수도 있겠지만, 증강학교에서 말하는 생명을 살리는 자는 그런 방법을 배우는 사람보다는 오히려 그런 마음을 가진 사람을 말합니다. 강물에 뛰어드는 다른 사람을 보고 그 사람을 구하기 위해 같이 물 속에 뛰어들 수 있는 생각, 마음과 의지를 가진 사람 말입니다.

생각과 마음과 의지, 어디선가 많이 들어보신 것 같지 않으신가요? 맞습니다. 바로 앞에서 계속 강조했던 "지정의"입니다. 증강학교에서 지정의 학습, 지정의를 회복하는 훈련을 하는 이유도 이것입니다. 앞에서 계속 강조했던 지정의 학습은 단순히 학습법의 종류 중 하나가 아닙니다. 구겨진 내 지정의를 회복하기 위해, 생명을 살리는 자를 만들기 위해 하는 것입니다. 원래 저희는 제대로 보고, 제대로 느끼고, 제대로 행동할 수 있었지만, 살면서 저희의 지 知, 정 情, 의 意가 여러가지 이유로 구겨지고 망가져서 회복을 해야 하는 상태입니다.

생명을 살리는 자는 건전한 세계관 안에서 이 세상을 똑바로 보고 제대로 공감하고 느끼며, 이렇게 깨닫고 느낀 것을 바로 실천할 수 있는 사람입니다. 증강학교에서 하는 모든 훈련, 앞에서 설명한 모든 공부는 이런 생명을 살리는 서퍼가 되기 위해서 하는 훈련입니다.

물론 앞으로 증강학교 학생들, 서퍼들에게는 수많은 파도가 밀려올 것입니다. 우리가 바다에 나가서 파도를 지켜보아도 알 수 있듯이 엄청나게 큰 파도가 올 수도 있고, 작은 파도가 올 수도 있습니다. 하지만 얼마나 세게 부딪치든지, 얼마나 큰 파도와 위기를 만나든지 절대 무너지지 않을 것이고, 느려도 조금씩 계속 앞으로 나아갈 것입니다. 하나 되어 함께하며 이 시대의 거친 파도를 버텨낼 것이고, 서로를 붙잡아줄 것입니다. 이 파도에 휩쓸려가는 다른 사람들을 구하며 유유히 파도를 타는 서퍼가 될 것입니다.

앞으로도 항상 새 시대의 거대한 파도를 타며 선한 영향력을 미치고 생명을 살리는 증강학교 서퍼들을 지켜봐 주시고, 응원해주세요. 증강학교 친구들의 블로그와 거꾸로미디어, 증강학교 밴드에서 저희를 보실 수 있습니다. 감사합니다.

에필로그

우리들의
비하인드 스토리

그러면 지금부터 증강학교에서의 활동을 통해
증강학교 학생들은 어떻게 성장했을까요?
지금부터 우리 증강학교 학생들이 어떻게 성장을 했는지
함께 나누도록 하겠습니다.

   저희는 증강학교에 다니며 이런저런 고충과 행복이 존재했었습니다. 그리고 이러한 감정은 현재, 책을 만들며 극에 달했습니다. 저희가 이 책을 만들 때, 처음에는 천천히, 조금씩 조금씩 사유하며 책을 만들고 있었습니다. 이렇게 거북이처럼 책을 만들고 있던 저희 발등에 불이 떨어졌습니다. 원고를 나흘 후까지 보내드려야 책이 학술발표회 하기 전에 무사히 나올 수 있다는 것이었습니다. 그래서 계속해서 조원 친구들과 모여 종일 글을 읽고, 비문을 잡고, 맞춤법을 찾고, 부족한 내용이 있으면 밴드라던지 책을 통해 채워 넣고자 노력했죠. 이렇게 시간과 에너지를 책에 쓰다 보니 다른 과제를 하기 벅차하는 저희를 다른 FT님들께서 배려해주셨습니다. 덕분에 며칠간의 지정의, P-MOOC 2 등 여러 과제를 미룰 수 있었습니다. 이러한 도움들로 책에 몰입해 여기까지 완성할 수 있었던 것 같습니다.
   지금부터는 학생들이 작성한 비하인드 스토리 이야기를 들어보겠습니다.

김수겸 저는 증강 학교를 다니며 저는 매우 많은 성장을 하게 되었습니다. 특히 미래 저널 그리고 지정의 학습을 통해 인간다움을 많이 회복했습니다. 그리고 증강 학교를 다니며 저는 의사소통 능력이 생기게 되었습니다. 특히 많은 조 활동을 하게 되면서 협동 능력과 또한 의사소통 능력이 많이 매우 많이 향상되고 성장하게 되었습니다.

그리고 저는 증강 학교 책을 쓰면 저는 매우 많은 것을 얻게 되었습니다. 책을 쓰며 많은 우여곡절이 있었지만, 그것을 통해 배움의 시간이 되었고, 이 책을 통해 저는 증강 학교에 대해서 조금 더 알아갔습니다. 그리고 저는 책을 처음 써보았는데 모든 일은 쉬운 것이 없다는 것을 깨닫게 되었습니다. 그리고 모든 일 그리고 모든 것은 어렵지만 모든 일을 통해서 성장을 할 수 있다는 것을 알게 되었습니다.

김주혜 저는 증강 학교를 다니며 자성지겸예협이 크게 성장했습니다. 자성지겸예협은 인간의 본바탕이기에 온전한 인간다움입니다. 저는 이를 크게 성장시켰습니다. 증강 학교의 기본기 of 기본기인 미래 저널, 지정의를 하며 제 내면을 단단히 다졌습니다. 건전한 eBPSS 생태계 안에서 eBPSS안경을 쓰고 다른 친구들의 미래 저널, 지정의를 읽고, 사유하고, 댓글을 달아주며 자성지겸예협을 성장시켰습니다. 이 외에도 증강 학교 안에서 하는 모든 것들은 다 저를 성장시켰습니다. 증강 학교에서 하는 학습에 eBPSS안경을 쓰고 자성지겸예협을 발휘해 임했기에 모든 것이 다 저를 성장하게 만들었습니다.

이 책을 증강학교 친구들, 또 저희 '왜조' 친구들, 그리고 저 자신과 함께 작성하며 수많은 내적 갈등이 존재했습니다. 조금만 놀고, 자고, 쉬고 싶다는 생각이요.

손지우 '미래교육 마스터키2' 책을 증강학교 학생들과 작성하며 많은 성장을 할 수 있었습니다. 세 조로 나누어 글을 작성하다 보니 서로 소통에 있어서 문제점도 있었고 글을 취합 하는 점에서도 어려운 점도 많았습니다. 하지만, 이것을 완성하면 우리가 직접 작성한 책이 나온다는 생각으로 함께 협동하고 노력하며 완성 할 수 있었던 것 같습니다. 큰 노력 끝에 책이 완성되었음에 너무 감격스럽고 기쁩니다.

송하준 증강학교 책을 함께 작성하며 제가 증강학교를 통해 얼마나 성장한 것인지 느낄 수 있었습니다. 증강학교 책을 쓰며 창작의 고통을 느꼈던 것 같습니다. 증강학교 친구들과 밤을 새울 정도로 열심히 글을 쓰고 다듬어나갔습니다. 그렇게 우리는 계속해서 성장해나갔습니다. 힘들고 어려운 과정이었지만, 과정을 통해서 자성지겸예협과 서번트 리더십을 발휘하며, 이 과정을 디딤돌 삼아 더욱 성장해나간 저희 스스로가 너무나도 뿌듯하고 자랑스럽습니다.

증강 학교 책을 쓰면 저는 매우 많은 것을 얻게 되었습니다. 책을 쓰며 많은 우여곡절이 있었지만, 그것을 통해 배움의 시간이 되었고, 이 책을 통해 저는 증강 학교에 대해서 조금 더 알아갔습니다. 그리고 저는 책을 처음 써보았는데 모든 일은 쉬운 것이 없다는 것을 깨닫게 되었습니다. 그리고 모든 일 그리고 모든 것은 어렵지만 모든 일을 통해서 성장을 할 수 있다는 것을 알게 되었습니다.

김호겸 먼저 제가 만 15살에 책을 쓸 수 있다는 것이 먼저 놀랍고 새롭습니다. 책을 만드는 과정에서 사람에게 협력은 정말 중요하다는 것을 알게 되었습니다. 10분 걸리는 일을 협력을 통해 5분 만에 하는 경험도 하기 때문입니다. 증강학교를 다니고 이 책을 쓰며 나는 협동을 잘하는 것 같아 기쁘고,

내가 자랑스럽습니다. 앞으로도 리더가 되어가며 혼자 하는 것이 아닌, 협동해서 일을 해결해보겠습니다.

양성규 이번 증강학교 책을 쓰기 위해서 모두가 정말 고생을 했고 정말 많은 일이 있었습니다. 1년 6개월 동안의 증강학교 학생으로서의 모두의 여정을 담기 위해 이렇게 힘들게 글을 썼지만, 그래도 증강학교의 여정을 다 담기엔 이 책은 너무 짧은 것 같습니다. 이 책을 쓰며 많은 학생이 몇 날 며칠을 밤을 새우며 정성을 들였습니다. 그동안 저희가 성장한 만큼, 앞으로 더 성장하는 모습을 보여 드릴 테니, 계속 지켜봐 주시고, 응원해주시면 감사드리겠습니다.

책을 쓰는 시간이 저에게는 그동안 쌓아 놓았던 것들로 큰 그림을 그려보는 시간이었습니다. 톨스토이는 '진리란 금과 같아서 불려서 얻어지는 것이 아니라 금이 아닌 것을 모두 씻어 냄으로써 얻어진다'라는 말을 남겼습니다. 제가 직접 한 단어 한 단어 써 내려갈 때, 지금까지 쌓아왔던 나 자신을 구석구석 살펴보고, 제가 속한 공동체의 가치를 발견한 것 같습니다. 하지만 책을 쓰는 것이 쉬운 일은 아니었습니다. 같은 이야기를 반복하고 있는 것은 아닌지, 점점 길을 잃어가는 것은 아닌지, 한순간도 놓칠 수 없는 이 작업을 하는 동안 잘 쌓아왔다고 생각했던 제 정신력이 흔들리기도 했습니다. 어쩌면 이 고뇌의 시간이 있었기에 이 책의 마지막 장을 쓰게 되었을 수도 있습니다. 저는 이 책을 쓰며 이 시대에 꼭 필요한 공부는 '남 주기 위한 공부'라는 것을 깨달았습니다. 이렇게 남을 돕기 위해, 남을 사랑하기 위해, 다른 사람의 생명을 살리기 위해 함께 공부하는 증강학교 친구들이 있어 정말 든든합니다.

정희원 증강학교 책을 쓰면서 저는 매우 많은 것을 얻게 되었습니다. 책을 쓰며 많은 우여곡절이 있었지만, 그것을 통해 배움의 시간이 되었고, 이 책을 통해 저는 증강학교에 대해서 조금 더 알아갔습니다. 그리고 저는 책을 처음 써보았는데 모든 일은 쉬운 것이 없다는 것을 깨닫게 되었습니다. 그리고 모든 일 그리고 모든 것은 어렵지만 모든 일을 통해서 성장할 수 있다는 것을 알게 되었습니다.

정하진 이번에 책을 준비하면서 새로 배워서 해보려고 했던 것도 제대로 하지 못했고, 생각했던 것대로 되지도 않았다. 하지만 조에서 같이 책을 준비하면서, 내가 알던 것들을 끄집어내고, 다시 되돌아보고 적으면서 내가 지금까지 배운 것들에 대해서 다시 생각하고 고민하는 계기가 되었다.

다른 사람과 함께 이렇게 큰 작업을 하는 게 오랜만이어서 그런 것 같기도 하지만 사람들과 이야기하면서 작업하는 일이 힘들기도, 어렵기도 했지만, 즐거웠던 것 같다.^^

증강학교 성장을 위해
후원해주신
고마운 분들

AUGMENTED SCHOOL
ENGLISH CLASS

FT: Vese Tetseo

Self-introduction

Jiwon Jeong

Hello, my name is Jiwon Jeong.

I'm seventeen years old (in Korean age), and I go to Augmented School now.

Augmented School is where I am training to become a good influencer in the world that saves lives by nurturing Big Picture, ninth intelligence, and servant leadership.

And I like thinking, discussing, and talking about problems that don't have an answer.

At Augmented School, I write a future journal every day. Of the 7 questions of Future Journal, I like the questions 'who am I' and 'why?' the most. Because answering these questions requires deep thought.

I am an introvert. But I am also an extrovert. And depending on the situation, I can be an introvert, an extrovert, or both.

This means that I am an introvert, but when I need to be active and extroverted, I can be very active in what I need to do.

Speaking of my hobby, when the weather is warm, I like to walk around my house and the trails next to it. But these days, the weather is too cold, and the Corona 19 situation is so bad that I can't go out much.

I am now searching for who I am and what kind of person I am at Augmented School. I want to be a surfer and leader, who makes a good influence on the world and saves lives. Through Augmented School, I am training to become a dedicated leader for others by discovering what I am good at, and how to help others with it.

Thank you.

Seong-gyu Yang

Hello. My name is Seong-gyu Yang. I am 14 years, and I am attending Augmented School. You may be unfamiliar with the term 'Augmented school'. The Augmented School I attend is a school that trains young people to become life-savers while enjoying the great wave of the Fourth Industrial Revolution Era.

In addition, Augmented School is a school with a vision, that is, a surfboard and an educational platform called Codemy where you can enjoy the huge wave of the Future Journal (the Fourth Industrial Revolution Era). I will become a surfer enjoying huge waves through Augmented School.

As a surfer of the new era, I also think that playing should be good, so I enjoy golf, cello, and sports. I especially like horses, because their eyes remind me of green meadows. It is also on my bucket list to ride a horse and run through the green meadows through the wind. However, the reality that green grasslands are disappearing due to environmental destruction these days is unfortunate and sad.

So, I thought, 'How can I make a beautiful world?' I thought about it, and as a student, myself, studying economics was the solution. Studying economics is not for me to eat well and live well, but because I can read the world and develop eyes to see the times.

I am currently uploading a video that explains the ninety-five economic terms easily and accurately under the title of 'Sungkyu's three-minute economy' on an online education platform called Codemy.

In addition to this economic video, my goal in life is to make a beautiful world and to influence the world for good through many activities.

Hajun Song

Hello, my name is Hajun Song. You can call me Jack.

I am 15 years old. I am more focused on others than myself. Because I value other people's opinions more than my own, and I can gently forgive other people's mistakes.

Also, my emotions are different depending on the situation of others. I haven't quite decided on my dream yet. I want to learn more about myself in Augmented School, find my dream and grow.

Augmented School uses a learning method called I.E.V study, where you write down what you know, what you feel, and what you want to do. I am learning and nurturing humanity through this designated study (I.E.V study).

I want to become the future talent of the new era with human qualities. In the P-MOOC2 course, I learned how to make my knowledge my own by translating what I learned into my own to others.

I love designing and drawing. Through this design and drawing, I want to become a talented person who has a good influence on others in the era of the 4th industrial revolution. And I love creating and designing spaces in the metaverse world. So, I want to become a leader who has a positive influence in the metaverse world.

Ju Hye Kim

Hello, I'm Kim Juhye, a student at Augmented school. I'm 16 years old.

I read books as a hobby in my free time. And I try to find the meaning of my life these days. This is because I learned that meaningless life is nothing while watching YouTube videos. So, when I write a diary in the future, I focus on the meaning of life and think.

And I'm thinking about why I live these days. I thought I could get the driving force of my life just by thinking about why I live. I kept asking "why" through the Future Journal, but I'm not good enough, so I have time to think alone.

Also, I am developing the power to think alone through P-MOOC and IEV learning. I develop the power to bring out something in my head through P-MOOC and deliver it to someone. And I am becoming a servant leader by growing humanity in me through IV learning.

But my dream has not been decided yet. So, I'm thinking about what my dream would be while attending augmented school. I hope you cheer me on to find my dream. Thank you.

Soogyeom Kim

Hello, I'm BR. My Korean name is Soo-gyeom Kim, and I am 17 years old now.

I am currently in high school, and my hobby is exercising. And I am learning big pictures at Augmented school.

I write future journals and attend augmented schools to become a servant leader who knows myself through big pictures and helps others in the future.

Also, I am learning IEV study to be a person with big picture.

To tell you more about my future dream, I am dreaming of a life that helps others in the future and has a good influence.

The reason why I write a future journal is because, as I said before, I get a big picture through the future journal and I am writing future journal to know the true me.

And the reason for IEV study learning is to restore IEV study and to change the world through righteousness practice. To have a good influence on the world, I am conducting this IEV study learning.

And I am attending augmented school to know me well and become a future surfer who save my own life and save other lives too.

Thank you.

Hogyeom Kim

Hello. My name is Hogyeom Kim. My English name is Joshua. I'm living in Korea. I am 16 years old and attend augmented school.

I am a person who feels truly happy when I and others are happy together. I am also a person who likes to meet and talk with people.

My favorite subjects are PE and music. I like to be active inside and out and enjoy music. Time passes really quickly when you enjoy listening to music.

My favorite thing is sports, of which I like baseball the most. Baseball is really fun. I'm good at baseball. I also really like to eat delicious food. My hobbies are playing games and exercising with my friends. It is more enjoyable and happier when you are with family and friends.

I am learning future education at Augmented School to become a surfer in the FIRE. I write Future Journal every day, and I spend a lot of time thinking about what I am grateful for and who I am.

Also, through the I.E.V study, where I write what I know, feel, and put into practice, my thoughts are deepening and growing.

My dream has not been decided yet, but I want to become a person who makes a good impact on the world through what I do.

Thank you!

Hiwon Jeong

I am Joy. My Korean name is Hiwon Jeong. I am 12 years old.

I am currently receiving future education in Augmented School.

Through various classes in Augmented School's such as memorizing Declaration of Independence, P-MOOC 2, and I.E.V education, I am accurately finding my field of interest and learning about my identity. As a leader of the new era, we are trying to acquire the designation that we need to know and have.

Also, through Future Journal, I was able to get to know myself and live a little more positively. Through gratitude, and through play, I have been able to make positive changes and give meaning to my actions.

I like to talk to others. It is because we love being together rather than being alone. And we get a lot more energy and ideas when we're together with others.

Also, I love to make something. When you create something, you focus on it.

It's hard when I'm doing it, but I like the happy and proud feeling when I'm done.

I also like to help others with what I am good at. I'm happiest when I'm good at what I'm good at and doing what I love.

In the future, I want to become a leader who has a good influence on others by making drawings and objects related to digital. I want to help others in this field by exploring and learning more about making or creating something which is my favorite field. Thank you.

Ha Jin Jung

Hello I am 15 years old Hajin Jeong.

I am attending Augmented School. I like creative activities.

I have grown in my own way while learning at Augmented School from season 1 until now.

It was especially difficult for me to find myself, but I think it was the most helpful.

The result of thinking about who I am is that I am always lacking and lacking, but it seems that I am a person who keeps trying.

Through I.E.V. I tried to find myself while writing and doing P-MOOC, and while looking for what I like and what I want to do, I feel like I am walking the path I need to walk now with a sense of accomplishment when I accomplished it even though it was difficult.

Thank you.

Jiwoo Son

Hello, my name is Jiwoo Son. My English name is Jiwoo. I am 15 years old and I attend Augmented School.

Augmented School is a school that has a mission to save lives and exert a good influence in it by taking classes alternately online and offline.

I take pride in this school where I can influence others for good and get to know who I really am. Among the activities of Augmented School, I enjoy writing the Future Journal, a journal in which questions about me are written.

While writing future journal, I learned that I am very interested in animals. And I am very grateful to my friend for making me interested in the profession of 'keeper'. Writing about topics of interest through the Future Journal, I realized that I really like raising and caring for pets. And I started thinking about my future hopes.

So, I found out about the profession of a zookeeper and decided to become a zookeeper in the future.

I also like to watch dramas. I really enjoy watching the drama because I fall in love with the male protagonist in the drama and I can experience situations that I can't go through through the drama. Thank you.

미래교육의 Master Key
ver.2 증강학교

초판 1쇄 인쇄   2021년 2월 1일
초판 1쇄 발행   2021년 2월 10일

지은이	김수겸, 정지원, 김호겸, 김주혜, 양성규, 손지우, 송하준, 정하진, 정희원
펴낸이	거꾸로미디어 X 서프데미
편집인	증강학교
교정	박지혜
편집	컬러브디자인 - 오현수, 김지예
출판등록	2021.11.8. 제 25100-2021-000094
주소	경기도 용인시 기흥구 신갈동 680-3 스테이타워 511호
홈페이지	www.codemy.info
전화번호	02-853-7230